プリント形式のリアル過去問で本番の臨場感！

佐賀県

佐賀学園高等学校

2025年春受験用

解答集

本書は，実物をなるべくそのままに，プリント形式で年度ごとに収録しています。
問題用紙を教科別に分けて使うことができるので，本番さながらの演習ができます。

■ 収録内容

・解答集(この冊子です)

書籍ＩＤ番号，この問題集の使い方，最新年度実物データ，リアル過去問の活用，
解答例と解説，ご使用にあたってのお願い・ご注意，お問い合わせ

・2024(令和６)年度 ～ 2022(令和４)年度　学力検査問題

JN132107

○は収録あり　年度	'24	'23	'22		
■ 問題(前期)	○	○	○		
■ 解答用紙	○	○	○		
■ 配点		○	○		
■ 英語リスニング原稿※		○	○		

解答はありますが
解説はありません

※リスニングの音声は収録していません
注)2023年度より成穎高等部が普通科特別進学コースとなりました
注)国語問題文非掲載:2024年度特別進学コースの一,2023年度特別進学コースの三と普通科･情報処理科･商業科の二,2022年度成穎高等部の一と普通科･情報処理科･商業科の一

問題文の非掲載につきまして

著作権上の都合により，本書に収録している過去入試問題の本文の一部を掲載しておりません。ご不便をおかけし，誠に申し訳ございません。
本文の一部を掲載できなかったことによる国語の演習不足を補うため，論説文および小説文の演習問題のダウンロード付録があります。弊社ウェブサイトから書籍ＩＤ番号を入力してご利用ください。
なお，問題の量，形式，難易度などの傾向が，実際の入試問題と一致しない場合があります。

教英出版

■ 書籍ＩＤ番号

入試に役立つダウンロード付録や学校情報などを随時更新して掲載しています。
教英出版ウェブサイトの「ご購入者様のページ」画面で，書籍ＩＤ番号を入力してご利用ください。

書籍ＩＤ番号　102541

（有効期限：2025年9月30日まで）

【入試に役立つダウンロード付録】
「ラストチェックテスト（標準／ハイレベル）」
「高校合格への道」

■ この問題集の使い方

年度ごとにプリント形式で収録しています。針を外して教科ごとに分けて使用します。①片側，②中央のどちらかでとじてありますので，下図を参考に，問題用紙と解答用紙に分けて準備をしましょう（解答用紙がない場合もあります）。

針を外すときは，けがをしないように十分注意してください。また，針を外すと紛失しやすくなりますので気をつけましょう。

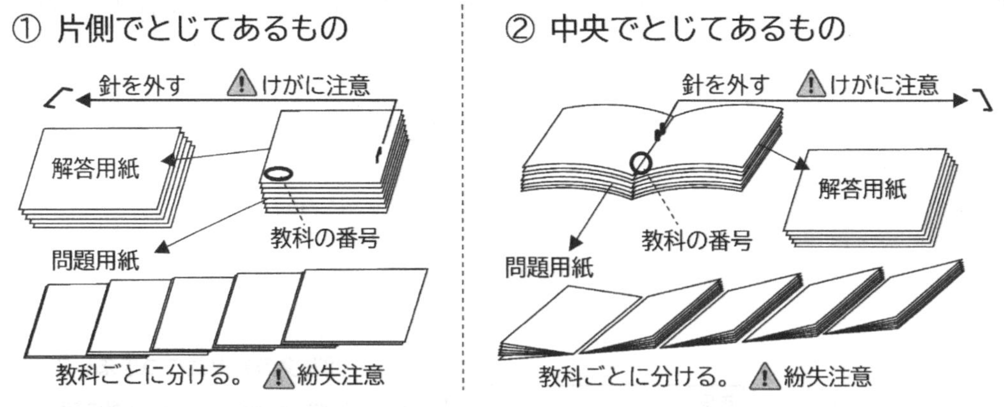

※教科数が上図と異なる場合があります。
解答用紙がない場合や，問題と一体になっている場合があります。
教科の番号は，教科ごとに分けるときの参考にしてください。

■ 最新年度 実物データ

実物をなるべくそのままに編集していますが，収録の都合上，実際の試験問題とは異なる場合があります。実物のサイズ，様式は右表で確認してください。

問題用紙	Ａ４冊子（二つ折り）
解答用紙	Ｂ４片面プリント 特進コース国：Ａ３片面プリント

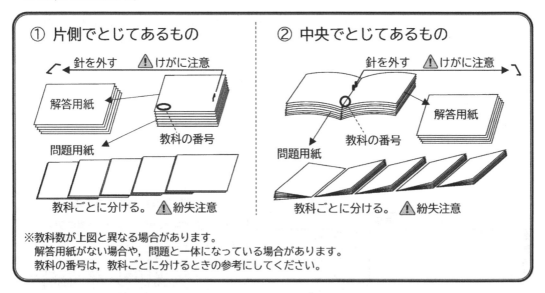

リアル過去問の活用

～リアル過去問なら入試本番で力を発揮することができる～

本番を体験しよう！

問題用紙の形式（縦向き／横向き），問題の配置や余白など，実物に近い紙面構成なので本番の臨場感が味わえます。まずはパラパラとめくって眺めてみてください。「これが志望校の入試問題なんだ！」と思えば入試に向けて気持ちが高まることでしょう。

入試を知ろう！

同じ教科の過去数年分の問題紙面を並べて，見比べてみましょう。

①　問題の量

毎年同じ大問数か，年によって違うのか，また全体の問題量はどのくらいか知っておきましょう。どのくらいのスピードで解けば時間内に終わるのか，大問ひとつにかけられる時間を計算してみましょう。

②　出題分野

よく出題されている分野とそうでない分野を見つけましょう。同じような問題が過去にも出題されていることに気がつくはずです。

③　出題順序

得意な分野が毎年同じ大問番号で出題されていると分かれば，本番で取りこぼさないように先回りして解答することができるでしょう。

④　解答方法

記述式か選択式か（マークシートか），見ておきましょう。記述式なら，単位まで書く必要があるかどうか，文字数はどのくらいかなど，細かいところまでチェックしておきましょう。計算過程を書く必要があるかどうかも重要です。

⑤　問題の難易度

必ず正解したい基本問題，条件や指示の読み間違いといったケアレスミスに気をつけたい問題，後回しにしたほうがいい問題などをチェックしておきましょう。

問題を解こう！

志望校の入試傾向をつかんだら，問題を何度も解いていきましょう。ほかにも問題文の独特な言いまわしや，その学校独自の答え方を発見できることもあるでしょう。オリンピックや環境問題など，話題になった出来事を毎年出題する学校だと分かれば，日頃のニュースの見かたも変わってきます。

こうして志望校の入試傾向を知り対策を立てることこそが，過去問を解く最大の理由なのです。

実力を知ろう！

過去問を解くにあたって，得点はそれほど重要ではありません。大切なのは，志望校の過去問演習を通して，苦手な教科，苦手な分野を知ることです。苦手な教科，分野が分かったら，教科書や参考書に戻って重点的に学習する時間をつくりましょう。今の自分の実力を知れば，入試本番までの勉強の道すじが見えてきます。

試験に慣れよう！

入試では時間配分も重要です。本番で時間が足りなくなってあわてないように，リアル過去問で実戦演習をして，時間配分や出題パターンに慣れておきましょう。教科ごとに気持ちを切り替える練習もしておきましょう。

心を整えよう！

入試は誰でも緊張するものです。入試前日になったら，演習をやり尽くしたリアル過去問の表紙を眺めてみましょう。問題の内容を見る必要はもうありません。どんな形式だったかな？受験番号や氏名はどこに書くのかな？…ほんの少し見ておくだけでも，志望校の入試に向けて心の準備が整うことでしょう。

そして入試本番では，見慣れた問題紙面が緊張した心を落ち着かせてくれるはずです。

※まれに入試形式を変更する学校もありますが，条件はほかの受験生も同じです。心を整えてあせらずに問題に取りかかりましょう。

2024 解答例 令和６年度

佐賀学園高等学校【特別進学】
【普通科(特別進学以外)・情報処理科・商業科】

《特別進学　国語》

一　問一．高齢化率

問二．〈作文のポイント〉

・最初に自分の主張、立場を明確に決め、その内容に沿って書いていく。

・わかりやすい表現を心がける。自信のない表現や漢字は使わない。

さらにくわしい作文の書き方・作文例はこちら！→https://kyoei-syuppan.net/mobile/files/sakupo.html

二　問一．㋐怪　㋑責務　㋒けっかん　㋓排除　㋔検討　　問二．Ⅰ．オ　Ⅱ．イ　　問三．ⓐウ　ⓑア

問四．これまで学校は記憶と再生を中心とした知的訓練を行い、コンピューター人間を育ててきたが、記憶と再生の能力では機械にかなわないから。　　問五．イ

三　問一．㋐まどお　㋑到底　㋒丁寧　㋓解除　㋔拒絶　　問二．A．イ　B．エ　　問三．ア　　問四．エ

問五．小学六年生のときのことを思い出し、ほとんど交流のない本校の子たちと修学旅行に行くことを想像して、憂鬱になっている様子。　　問六．携帯が歓喜の声をあげた

四　問一．ようなり　　問二．白髪の武士　　問三．イ　　問四．致経の父平五大夫の、保昌の前で馬から降りなかったという行為。　　問五．ウ

《特別進学　数学》

1　(1)①-5　②$-\frac{10}{9}$　③$5a^2b^4$　④$7\sqrt{6}$　　(2)$3x(x-1)(x-6)$　　(3)$\frac{-7\pm\sqrt{37}}{6}$　　(4)ア　　(5)ア，ウ

(6)$\frac{1}{5}$　　(7)右図　　(8)135

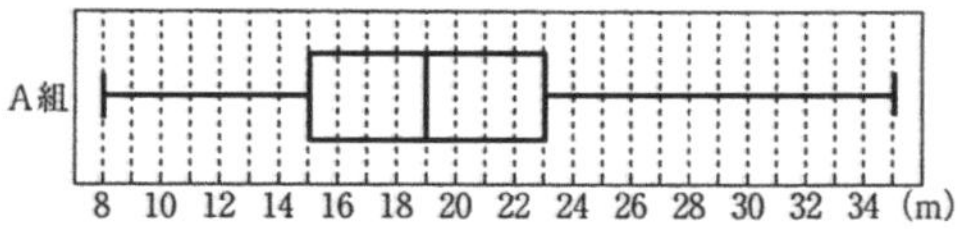

2　(1)$\frac{1}{2}$　　(2)$(-12,\ 0)$　　(3)64

(4)直線BP…$-x+24$　点P…$(-8,\ 32)$

3　(1)$3(3x+y)+2(2x+2y)=2790$

(2)$2(2x+2y)+2(3x+y)=2220$　　(3)トラックA…150　トラックB…120

4　(1)BQA〔別解〕BAQ

(2)(ア)∠AEH＝∠DAF〔別解〕∠HEA＝∠FAD　(イ)∠HAE＝∠FDA〔別解〕∠EAH＝∠ADF

(3)15　　(4)$4-2\sqrt{3}$　　(5)$(2-\sqrt{3})$

5　(1)26　　(2)(ア)１　(イ)２　(ウ)$6n-5$　(エ)２　(オ)３　(カ)$6n$　　(3)22　　(4)17

《特別進学　英語》

1　放送原稿非公表のため，解答例は掲載しておりません。

2　１．(1)What　(2)about　(3)must　(4)leave

２．(1)ウ　(2)イ　(3)エ　(4)ウ　(5)ア

３．(1)イ→ア→エ→ウ　(2)ウ→イ→エ→ア

3　１．had no time to visit Kyoto　２．have never seen such a beautiful　３．how long it takes to go

４．which has a green roof is　５．have as many books as my sister

4 ［①／②］ 1．［better／than］ 2．［Hurry／or］ 3．［made／happy］ 4．［too／to］

5 First, please take off your shoes at the entrance of my house. Second, I eat dinner with my family at seven in the evening.

6 1．イ 2．エ 3．ア 4．イ 5．ア

7 1．easier for people from Asian countries to get 2．②日本を訪れる人々はソーシャルメディアに写真を投稿し，それらの写真を見た人々に日本への興味を抱かせます ③彼らは東京のような大都市だけでなく，小さな市にも訪れます 3．A．エ C．ウ 4．about 5．a．まだ多くの人に知られていない b．行くのを防ぐ c．ルールやマナーを理解してもらう 6．京都では，多くの観光客で市バスが混み合っているという問題 7．(1)イ (2)ア (3)イ 8．イ，オ

《普通科(特別進学以外)・情報処理科・商業科 国語》

一 問一．㋐光線 ㋑きんいつ ㋒どだい ㋓順序 ㋔いた 問二．イ 問三．動力を使わずに水を７０ｍの高さまで吸い上げている点。 問四．ウ 問五．A．ア B．イ 問六．高度な文明を持った社会

二 問一．Ⅰ．ウ Ⅱ．エ Ⅲ．ア 問二．ア 問三．エ 問四．イ 問五．ア 問六．Ⅰ．太一が真志喜の父親に許可を得て『獄記』を譲り受けた Ⅱ．真志喜の父親はこの本が『獄記』であることに気づかなかった
〔別解〕『無窮堂』は十二歳の男の子に第一級の稀覯本を掘り出された

三 問一．ききいて 問二．A．蛇 B．銭 問三．内の者 問四．最初…かまへ 最後…なれよ 問五．エ

《普通科(特別進学以外)・情報処理科・商業科 数学》

1 (1)①6 ②$-\frac{2}{3}$ ③0.14 ④$4a+3b$ ⑤$7\sqrt{2}$ ⑥$6x^4$ (2)$a^2+14a+49$ (3)$(x+5)(x-2)$
(4)$\frac{-7\pm\sqrt{17}}{2}$ (5)-6 (6)イ，ウ (7)点B (8)$\frac{3}{4}$

2 (1)1950 (2)2250 (3)①ア．5 イ．$900x+1300y$ ②1 kg…3 6 kg…2

3 (1)1 (2)$-x$ (3)①$\frac{1}{2}$ ②$0\leqq y\leqq 2$ (4)$(-4,\ 4)$

4 (1)ア．90 イ．EG ウ．錯 エ．GEF オ．２組の角がそれぞれ (2)105 (3)イ

5 (1)9 (2)18 (3)$2n+1$ (4)45

《普通科(特別進学以外)・情報処理科・商業科 英語》

1 放送原稿非公表のため，解答例は掲載しておりません。

2 1．ウ 2．ウ 3．ウ 4．ア 5．ア

3 1．To 2．Here 3．times 4．Let 5．getting

4 1．many languages are spoken 2．change trains at the fifth station 3．is able to sing songs written

5 1．how 2．Second 3．it’s cheaper than the direct flight

6 1．エ 2．very fun for me 3．ア

7 1．swimmer 2．バタフライ 3．イ 4．ウ 5．held 6．私はそのような人に会えて本当にうれしかったです 7．イ，オ

2023 解答例
令和５年度

佐賀学園高等学校【特別進学】
【普通科(特別進学以外)・情報処理科・商業科】

《特別進学　国語》

一　問一．A．使い捨て　B．魚　C．マイクロプラスチック　D．食物連鎖　　問二．国連などに～番目に多い
問三．(例文)
　回収した携帯電話を分解しレアメタルなど希少金属を取り出し再利用できる。
　ごみの分別を適切に行い、一人一人がリサイクルを意識することで、資源を無駄にしない循環社会の実現につなげることができる。

二　問一．㋐的確　㋑つら　㋒要請　㋓頭角　㋔やっかい　　問二．ⓐイ　ⓑウ　　問三．ウ　　問四．結核によって青年期の大切な時期に苦しんだが、弱い者の心が分かり、生死についての考えを深められたから。
問五．主人公の男性が養父との関係を断ち切ること。　　問六．ウ

三　問一．㋐滑　㋑近況　㋒さげす　㋓てがら　㋔勧　　問二．A．イ　B．ウ　　問三．学校に来られない彼女を励ますために作った作品が、実は彼女を見下しているものだったということ。　　問四．イ　　問五．ア，エ

四　問一．ならいて　　問二．Ⅰ．都　Ⅱ．田舎　　問三．イ　　問四．食物足つて乏しきことなし。　　問五．イ
問六．ア

《特別進学　数学》

1　(1)①11　② $\frac{1}{16}$　③ $-3ab$　④16　　(2) $2x(y-3)^2$　　(3)２，５　　(4)a＝12　b＝4　　(5)6　　(6) $\frac{1}{6}$
(7)15　　(8)(ウ)，(オ)

2　(1)$(-2,\ -2)$　　(2) $-\frac{1}{2}$　　(3) $3x-8$　　(4)64　　(5) $\frac{13}{3}x$

3　(1)840　　(2)６：１：３　　(3)162

4　(1)(ア)ＦＢＧ，ＤＥＣ　(イ)ＦＧＢ，ＤＣＥ　(ウ)２組の角がそれぞれ　　(2)(あ)５　(い) $\frac{12}{7}$　(う) $3\sqrt{3}$

5　ア．506　　イ．n^2　　ウ．n　　エ．n^2-n　　オ．$2n-1$　　カ．$n^2-(2n-1)$　　キ．$2n$
ク．n^2-2n　　ケ．1012

《特別進学　英語》

1　問１．(1)イ　(2)ウ　　問２．(1)イ　(2)エ　　問３．(1)ア　(2)エ　(3)エ　　問４．(1)ウ　(2)ウ　(3)ア

2　１．(1)May　(2)where　(3)broken　　２．(1)ア　(2)イ　(3)ウ　(4)イ　(5)エ
３．(1)ウ→ア→エ→イ　(2)イ→エ→ウ→ア

3　１．so excited that I couldn't sleep　　２．should keep your room clean　　３．singing a song on the stage is called
４．taller than any other student　　５．find the gloves which you were looking

4　１．①have　②to　　２．①has　②for　　３．①easier　②than　　４．①me　②to　　５．①not　②any

5　Saga is located in the west of Japan.　You can see beautiful nature in Saga and eat a lot of delicious foods such as Saga beef, rice and dried seaweeds.

6　A．ウ　　B．カ　　C．エ　　D．オ　　E．イ

7　１．A．as　D．without　　２．ウ　　３．①asked them what they spent　②can try to find ways to solve
４．a．(あまりに多く)使いすぎること　b．成績が低い理由の一つである　c．研究がある

5．学校で授業が理解できない時に，家でもう一度勉強ができるし，興味があることを勉強できる　6．携帯電話でインターネットをいつ，どのように使うべきかということ　7．(1)ウ　(2)ア　(3)イ　8．イ，オ

《普通科・情報処理科・商業科　国語》

一　問一．㋐こうさく　㋑継　㋒容易　㋓よくせい　㋔尊重　㋕権威　問二．イ　問三．1．イ　2．資質　問四．自分と真剣に向き合い、みずから決断を下すという試みが、人間的に価値のあるものと考える近代社会の人間観。

二　問一．㋐滑　㋑近況　㋒さげすむ　㋓てがら　㋔勧　問二．A．イ　B．ウ　問三．学校に来られない彼女を励ますために作った作品が、実は彼女を見下しているものだったということ。　問四．イ　問五．ア，エ

三　問一．ならいて　問二．ア　問三．エ　問四．食物足つて乏しきことなし　問五．イ

《普通科・情報処理科・商業科　数学》

1　(1)①-28　②$-\frac{2}{25}$　③2.4　④$-4a+56$　⑤$-\frac{\sqrt{3}}{2}$　⑥$\frac{x}{6}$　(2)$9x^2+12x+4$　(3)$(x+4y)(x-4y)$　(4)$\frac{5\pm\sqrt{17}}{4}$　(5)ア，エ　(6)24π　(7)$\frac{1}{4}$　(8)ウ

2　(1)12　(2)①ア．60　イ．$4.8x+7y$　②100円硬貨…38　500円硬貨…22　③14800

3　(1)1　(2)$(2,\ -2)$　(3)$-\frac{3}{2}x+1$　(4)2　(5)$(3,\ -\frac{9}{2})$

4　(1)ア．二等辺　イ．ACD　ウ．ACD　エ．2組の角がそれぞれ等しい　(2)136　(3)AD＝6　AE＝$\frac{36}{7}$

5　(1)172　(2)$19n+1$　(3)28　(4)154

《普通科・情報処理科・商業科　英語》

1　問1．(1)イ　(2)ウ　問2．(1)イ　(2)エ　問3．(1)ア　(2)エ　(3)エ　問4．(1)ウ　(2)ウ　(3)ア

2　1．ウ　2．ア　3．ウ　4．イ　5．イ

3　1．good　2．player　3．caught　4．This　5．swimming

4　1．not as tall as my brother　2．will be able to catch the last train　3．about going to the movies

5　1．four　2．it is very delicious

6　1．When I was walking　2．イ　3．ウ

7　1．イ　2．ウ　3．対馬を今年最大の台風が襲い，(そこで)たくさんの被害を引き起こした　4．which　5．ア　6．もし機会があれば，私はその神社に(少し)寄付をしたいと思います。　7．イ，オ

佐賀学園高等学校【成穎高等部】
【普通科・情報処理科・商業科】

《成穎高等部　国語》

一　問一．Ⅰ．腐心　Ⅱ．採算

問二．（例文）

人口減が進む地域は自治体の収入も減り、生活上必要なサービスが受けられなくなる。観光資源を発掘したり空き家を改修して民宿にしたりして人々を呼び込んでつながりを作り、移住も促進して自治体の収入増を図る。

二　問一．㋐考察　㋑ほこさき　㋒あやま　㋓個体　㋔さくい　　問二．ウ　　問三．環境破壊の原因が、科学・技術にあると非難する　　問四．イ　　問五．(1)エ　(2)原因と結果との連鎖　　問六．最も悲観的なシナリオが実現した場合、次の世代を生きる人々に対して道義的、倫理的な責任が生じる

三　問一．㋐費　㋑帰省　㋒まなざ　　問二．Ⅰ．ア　Ⅱ．エ　　問三．自分が弱気で本音を話していないと自覚しているのに、その思いを脊尾にぶつけることに対するうしろめたさ。

問四．Aさん…×　Bさん…×　Cさん…○　Dさん…○　Eさん…○

四　問一．㋐いたる　㋑いとおしく　　問二．ⓒ　　問三．㋒イ　㋓ア　　問四．ア　　問五．身いとわろくて過ごす

問六．女に食べ物を持ってきた　　問七．ウ

《成穎高等部　数学》

1　(1)①21　②1　③ $7x+12y$　④ $\frac{11}{5}$　　(2)4，9，12　　(3) $(x-y)(x-9y)$　　(4) $3\pm\sqrt{21}$　　(5) $\frac{5}{9}$　　(6) $\frac{88}{3}\pi$

(7)ア，オ

2　(1)ア．$10x+y$　イ．$10y+x$　ウ．7　エ．$10x+y-47$　オ．235　カ．5　キ．2　ク．52　　(2)62，97

3　(1)A．$(-6,\ -18)$　B $(2,\ -2)$　　(2)24　　(3) $(-4,\ -8)$　　(4)42

4　(1)ア．中点　イ．ABD　ウ．CBD　エ．直角　オ．斜辺と他の１辺がそれぞれ

(2)カ．中点　キ．中点連結　ク．同位角　ケ．CDE　コ．２組の角がそれぞれ　　(3)(ア) $\frac{10}{3}$　(イ)138

5　(1) $\frac{1}{3}$　　(2) $\frac{1}{27}$　　(3) $\frac{5}{27}$　　(4) $\frac{11}{81}$

《成穎高等部　英語》

1　問1．(1)イ　(2)ア　　問2．(1)エ　(2)ウ　　問3．(1)エ　(2)ア　(3)イ　　問4．(1)エ　(2)ア　(3)イ

2　1．(1)swimming　(2)earlier　(3)where　　2．(1)ウ　(2)エ　(3)ウ　(4)イ　(5)ア

3．(1)イ→エ→ア→ウ　(2)ウ→ア→エ→イ

3　1．she took at the park was beautiful　　2．I asked the boy to open the window

3．He is one of the greatest writers　　4．is too heavy for me to carry　　5．can run twice as fast as Kaori

6．Do you know why he is so angry

4　1．①to　②her　　2．①must　②not　　3．①talking　②there　　4．①enough　②to　　5．①lived　②for

5　My best memory is our sports day.　I was one of the leaders in the red team and we made cheering parties.　We enjoyed dancing and singing together very much.

6　A．イ　　B．オ　　C．カ　　D．ア　　E．ウ

7　1．（イ）　　2．B．by　D．of　　3．①I was so surprised to see　③think their privacy can be protected

4．皆が使える十分なトイレがなくて，トイレを清潔に保つことができない。

5．a．おにぎりやパン　b．温かい食事を食べる機会が多くない　c．食べ物を食べられない　d．食べたい食事を与えること　6．(1)ウ　(2)イ　(3)エ　7．ア，エ

《普通科・情報処理科・商業科　国語》

一　問一．㋐さっこん　㋑なや　㋒発揮　㋓くちく　㋔従事　問二．Ⅰ．ウ　Ⅱ．エ　問三．秋の虫の鳴き声が足元から小さく聞こえてくることで、情緒があった／秋の虫の鳴き声が頭上から降ってくるように騒がしく聞こえ、情緒が感じられない（下線部は情趣／風情／趣などでもよい）　問四．ウ

問五．（例文）

その生き物を死ぬまで飼うことが可能であるかを生き物の特性と自分の今後の生活の予測とを合わせ検討し、最後まで愛情と責任を負う覚悟が必要である。どうしても飼えない時には引き取り先を探す覚悟も必要である。

二　問一．㋐費　㋑帰省　㋒まなざ　問二．Ⅰ．ア　Ⅱ．エ　問三．自分が弱気で本音を話していないと自覚しているのに、その思いを脊尾にぶつけることに対するうしろめたさ。

問四．Aさん…×　Bさん…×　Cさん…○　Dさん…○　Eさん…○

三　問一．いたる　問二．ⓒ　問三．身いとわろくて過ごす　問四．女に食べ物を持ってきた　問五．ウ

《普通科・情報処理科・商業科　数学》

1　(1)①-16　②$3$　③$-\frac{15}{14}$　④$2x-16$　⑤$8\sqrt{3}$　⑥$\frac{a+7}{6}$　(2)x^2-64　(3)$(x+7y)^2$　(4)$\frac{-1\pm\sqrt{41}}{4}$

(5)(エ)　(6)28　(7)36π　(8)(イ)，(エ)

2　(1)3600　(2)(ア)6800　(イ)$\frac{x}{200}+\frac{y}{150}$　(3)(ウ)40　(エ)$200x+150y$　(2)3200

3　(1)$(-2,\ -8)$　(2)-2　(3)$-2x-12$　(4)30　(5)16π

4　(1)(ア)CAD　(イ)ACD　(ウ)錯　(エ)BEF　(オ)ACD　(カ)2組の角がそれぞれ　(2)2　(3)$2\sqrt{6}$

5　(1)4　(2)$\frac{7}{12}$　(3)$\frac{5}{12}$　(4)(ウ)

《普通科・情報処理科・商業科　英語》

1　問1．(1)イ　(2)ア　問2．(1)エ　(2)ウ　問3．(1)エ　(2)ア　(3)イ　問4．(1)エ　(2)ア　(3)イ

2　1．ウ　2．イ　3．エ　4．イ　5．エ

3　1．August　2．too　3．bought　4．better　5．teacher

4　1．standing by the gate is　2．she lived in Canada for　3．have much rain in June

5　(1)Karatsu　(2)it has a beautiful sea.

6　1．I came to Japan　2．エ　3．ウ

7　1．イ　2．ア　3．excited　4．イ　5．ゴミの量が毎年増えている　6．この美しい自然を維持するために，私たちは何かをしなければならないと考えています　7．イ，エ

■ ご使用にあたってのお願い・ご注意

（1）問題文等の非掲載

著作権上の都合により，問題文や図表などの一部を掲載できない場合があります。

誠に申し訳ございませんが，ご了承くださいますようお願いいたします。

（2）過去問における時事性

過去問題集は，学習指導要領の改訂や社会状況の変化，新たな発見などにより，現在とは異なる表記や解説になっている場合があります。過去問の特性上，出題当時のままで出版していますので，あらかじめご了承ください。

（3）配点

学校等から配点が公表されている場合は，記載しています。公表されていない場合は，記載していません。

独自の予想配点は，出題者の意図と異なる場合があり，お客様が学習するうえで誤った判断をしてしまう恐れがあるため記載していません。

（4）無断複製等の禁止

購入された個人のお客様が，ご家庭でご自身またはご家族の学習のためにコピーをすることは可能ですが，それ以外の目的でコピー，スキャン，転載（ブログ，ＳＮＳなどでの公開を含みます）などをすることは法律により禁止されています。学校や学習塾などで，児童生徒のためにコピーをして使用することも法律により禁止されています。

ご不明な点や，違法な疑いのある行為を確認された場合は，弊社までご連絡ください。

（5）けがに注意

この問題集は針を外して使用します。針を外すときは，けがをしないように注意してください。また，表紙カバーや問題用紙の端で手指を傷つけないように十分注意してください。

（6）正誤

制作には万全を期しておりますが，万が一誤りなどがございましたら，弊社までご連絡ください。

なお，誤りが判明した場合は，弊社ウェブサイトの「ご購入者様のページ」に掲載しておりますので，そちらもご確認ください。

■ お問い合わせ

解答例，解説，印刷，製本など，問題集発行におけるすべての責任は弊社にあります。

ご不明な点がございましたら，弊社ウェブサイトの「お問い合わせ」フォームよりご連絡ください。迅速に対応いたしますが，営業日の都合で回答に数日を要する場合があります。

ご入力いただいたメールアドレス宛に自動返信メールをお送りしています。自動返信メールが届かない場合は，「よくある質問」の「メールの問い合わせに対し返信がありません。」の項目をご確認ください。

また弊社営業日（平日）は，午前９時から午後５時まで，電話でのお問い合わせも受け付けています。

2025春

株式会社教英出版
〒422-8054　静岡県静岡市駿河区南安倍３丁目 12-28
TEL　054-288-2131　　FAX　054-288-2133
URL　https://kyoei-syuppan.net/
MAIL siteform@kyoei-syuppan.net

教英出版　2025年春受験用　高校入試問題集

公立高等学校問題集

北海道公立高等学校
青森県公立高等学校
宮城県公立高等学校
秋田県公立高等学校
山形県公立高等学校
福島県公立高等学校
茨城県公立高等学校
埼玉県公立高等学校
千葉県公立高等学校
東京都立高等学校
神奈川県公立高等学校
新潟県公立高等学校
富山県公立高等学校
石川県公立高等学校
長野県公立高等学校
岐阜県公立高等学校
静岡県公立高等学校
愛知県公立高等学校
三重県公立高等学校(前期選抜)
三重県公立高等学校(後期選抜)
京都府公立高等学校(前期選抜)
京都府公立高等学校(中期選抜)
大阪府公立高等学校
兵庫県公立高等学校
島根県公立高等学校
岡山県公立高等学校
広島県公立高等学校
山口県公立高等学校
香川県公立高等学校
愛媛県公立高等学校
福岡県公立高等学校
佐賀県公立高等学校
長崎県公立高等学校
熊本県公立高等学校
大分県公立高等学校
宮崎県公立高等学校
鹿児島県公立高等学校
沖縄県公立高等学校

公立高 教科別8年分問題集

(2024年～2017年)

北海道(国·社·数·理·英)
宮城県(国·社·数·理·英)
山形県(国·社·数·理·英)
新潟県(国·社·数·理·英)
富山県(国·社·数·理·英)
長野県(国·社·数·理·英)
岐阜県(国·社·数·理·英)
静岡県(国·社·数·理·英)
愛知県(国·社·数·理·英)
兵庫県(国·社·数·理·英)
岡山県(国·社·数·理·英)
広島県(国·社·数·理·英)
山口県(国·社·数·理·英)
福岡県(国·社·数·理·英)

国立高等専門学校 最新5年分問題集

(2024年～2020年·全国共通)

対象の高等専門学校

釧路工業·旭川工業·
苫小牧工業·函館工業·
八戸工業·一関工業·仙台·
秋田工業·鶴岡工業·福島工業·
茨城工業·小山工業·群馬工業·
木更津工業·東京工業·
長岡工業·富山·石川工業·
福井工業·長野工業·岐阜工業·
沼津工業·豊田工業·鈴鹿工業·
鳥羽商船·舞鶴工業·
大阪府立大学工業·明石工業·
神戸市立工業·奈良工業·
和歌山工業·米子工業·
松江工業·津山工業·呉工業·
広島商船·徳山工業·宇部工業·
大島商船·阿南工業·香川·
新居浜工業·弓削商船·
高知工業·北九州工業·
久留米工業·有明工業·
佐世保工業·熊本·大分工業·
都城工業·鹿児島工業·
沖縄工業

高専 教科別10年分問題集

もっと過去問シリーズ
教科別
数学·理科·英語
(2019年～2010年)

学校別問題集

北海道

①札幌北斗高等学校
②北星学園大学附属高等学校
③東海大学付属札幌高等学校
④立命館慶祥高等学校
⑤北海高等学校
⑥北見藤高等学校
⑦札幌光星高等学校
⑧函館ラ・サール高等学校
⑨札幌大谷高等学校
⑩北海道科学大学高等学校
⑪遺愛女子高等学校
⑫札幌龍谷学園高等学校
⑬札幌日本大学高等学校
⑭札幌第一高等学校
⑮旭川実業高等学校
⑯北海学園札幌高等学校

青森県

①八戸工業大学第二高等学校

宮城県

①聖和学園高等学校（A日程）
②聖和学園高等学校（B日程）
③東北学院高等学校（A日程）
④東北学院高等学校（B日程）
⑤仙台大学附属明成高等学校
⑥仙台城南高等学校
⑦東北学院榴ケ岡高等学校
⑧古川学園高等学校
⑨仙台育英学園高等学校（A日程）
⑩仙台育英学園高等学校（B日程）
⑪聖ウルスラ学院英智高等学校
⑫宮城学院高等学校
⑬東北生活文化大学高等学校
⑭東北高等学校
⑮常盤木学園高等学校
⑯仙台白百合学園高等学校
⑰尚絅学院高等学校（A日程）
⑱尚絅学院高等学校（B日程）

山形県

①日本大学山形高等学校
②惺山高等学校
③東北文教大学山形城北高等学校
④東海大学山形高等学校
⑤山形学院高等学校

福島県

①日本大学東北高等学校

新潟県

①中越高等学校
②新潟第一高等学校
③東京学館新潟高等学校
④日本文理高等学校
⑤新潟青陵高等学校
⑥帝京長岡高等学校
⑦北越高等学校
⑧新潟明訓高等学校

富山県

①高岡第一高等学校
②富山第一高等学校

石川県

①金沢高等学校
②金沢学院大学附属高等学校
③遊学館高等学校
④星稜高等学校
⑤鵬学園高等学校

山梨県

①駿台甲府高等学校
②山梨学院高等学校（特進）
③山梨学院高等学校（進学）
④山梨英和高等学校

岐阜県

①鶯谷高等学校
②富田高等学校
③岐阜東高等学校
④岐阜聖徳学園高等学校
⑤大垣日本大学高等学校
⑥美濃加茂高等学校
⑦済美高等学校

静岡県

①御殿場西高等学校
②知徳高等学校
③日本大学三島高等学校
④沼津中央高等学校
⑤飛龍高等学校
⑥桐陽高等学校
⑦加藤学園高等学校
⑧加藤学園暁秀高等学校
⑨誠恵高等学校
⑩星陵高等学校
⑪静岡県富士見高等学校
⑫清水国際高等学校
⑬静岡サレジオ高等学校
⑭東海大学付属静岡翔洋高等学校
⑮静岡大成高等学校
⑯静岡英和女学院高等学校
⑰城南静岡高等学校
⑱静岡女子高等学校
⑲常葉大学附属常葉高等学校
常葉大学附属橘高等学校
常葉大学附属菊川高等学校
⑳静岡北高等学校
㉑静岡学園高等学校
㉒焼津高等学校
㉓藤枝明誠高等学校
㉔静清高等学校
㉕磐田東高等学校
㉖浜松学院高等学校
㉗浜松修学舎高等学校
㉘浜松開誠館高等学校
㉙浜松学芸高等学校
㉚浜松聖星高等学校
㉛浜松日体高等学校
㉜聖隷クリストファー高等学校
㉝浜松啓陽高等学校
㉞オイスカ浜松国際高等学校

愛知県

①［国立］愛知教育大学附属高等学校
②愛知高等学校
③名古屋経済大学市邨高等学校
④名古屋経済大学高蔵高等学校
⑤名古屋大谷高等学校
⑥享栄高等学校
⑦椙山女学園高等学校
⑧大同大学大同高等学校
⑨日本福祉大学付属高等学校
⑩中京大学附属中京高等学校
⑪至学館高等学校
⑫東海高等学校
⑬名古屋たちばな高等学校
⑭東邦高等学校
⑮名古屋高等学校
⑯名古屋工業高等学校
⑰名古屋葵大学高等学校
（名古屋女子大学高等学校）
⑱中部大学第一高等学校
⑲桜花学園高等学校
⑳愛知工業大学名電高等学校
㉑愛知みずほ大学瑞穂高等学校
㉒名城大学附属高等学校
㉓修文学院高等学校
㉔愛知啓成高等学校
㉕聖カピタニオ女子高等学校
㉖滝高等学校
㉗中部大学春日丘高等学校
㉘清林館高等学校
㉙愛知黎明高等学校
㉚岡崎城西高等学校
㉛人間環境大学附属岡崎高等学校
㉜桜丘高等学校

㉝光ヶ丘女子高等学校
㉞藤ノ花女子高等学校
㉟栄徳高等学校
㊱同朋高等学校
㊲星城高等学校
㊳安城学園高等学校
㊴愛知産業大学三河高等学校
㊵大成高等学校
㊶豊田大谷高等学校
㊷東海学園高等学校
㊸名古屋国際高等学校
㊹啓明学館高等学校
㊺聖霊高等学校
㊻誠信高等学校
㊼誉高等学校
㊽杜若高等学校
㊾菊華高等学校
㊿豊川高等学校

三重県

①暁高等学校(3年制)
②暁高等学校(6年制)
③海星高等学校
④四日市メリノール学院高等学校
⑤鈴鹿高等学校
⑥高田高等学校
⑦三重高等学校
⑧皇學館高等学校
⑨伊勢学園高等学校
⑩津田学園高等学校

滋賀県

①近江高等学校

大阪府

①上宮高等学校
②大阪高等学校
③興國高等学校
④清風高等学校
⑤早稲田大阪高等学校
（早稲田摂陵高等学校）
⑥大商学園高等学校
⑦浪速高等学校
⑧大阪夕陽丘学園高等学校
⑨大阪成蹊女子高等学校
⑩四天王寺高等学校
⑪梅花高等学校
⑫追手門学院高等学校
⑬大阪学院大学高等学校
⑭大阪学芸高等学校
⑮常翔学園高等学校
⑯大阪桐蔭高等学校
⑰関西大倉高等学校
⑱近畿大学附属高等学校
⑲金光大阪高等学校
⑳星翔高等学校
㉑阪南大学高等学校
㉒箕面自由学園高等学校
㉓桃山学院高等学校
㉔関西大学北陽高等学校

兵庫県

①雲雀丘学園高等学校
②園田学園高等学校
③関西学院高等部
④灘高等学校
⑤神戸龍谷高等学校
⑥神戸第一高等学校
⑦神港学園高等学校
⑧神戸学院大学附属高等学校
⑨神戸弘陵学園高等学校
⑩彩星工科高等学校
⑪神戸野田高等学校
⑫滝川高等学校
⑬須磨学園高等学校
⑭神戸星城高等学校
⑮啓明学院高等学校
⑯神戸国際大学附属高等学校
⑰滝川第二高等学校
⑱三田松聖高等学校
⑲姫路女学院高等学校
⑳東洋大学附属姫路高等学校
㉑日ノ本学園高等学校
㉒市川高等学校
㉓近畿大学附属豊岡高等学校
㉔夙川高等学校
㉕仁川学院高等学校
㉖育英高等学校

奈良県

①西大和学園高等学校

岡山県

①[県立]岡山朝日高等学校
②清心女子高等学校
③就実高等学校
(特別進学コース〈ハイグレード・アドバンス〉)
④就実高等学校
(特別進学チャレンジコース・総合進学コース)
⑤岡山白陵高等学校
⑥山陽学園高等学校
⑦関西高等学校
⑧おかやま山陽高等学校
⑨岡山商科大学附属高等学校
⑩倉敷高等学校
⑪岡山学芸館高等学校(1期1日目)
⑫岡山学芸館高等学校(1期2日目)
⑬倉敷翠松高等学校
⑭岡山理科大学附属高等学校
⑮創志学園高等学校
⑯明誠学院高等学校
⑰岡山龍谷高等学校

広島県

①[国立]広島大学附属高等学校
②[国立]広島大学附属福山高等学校
③修道高等学校
④崇徳高等学校
⑤広島修道大学ひろしま協創高等学校
⑥比治山女子高等学校
⑦呉港高等学校
⑧清水ヶ丘高等学校
⑨盈進高等学校
⑩尾道高等学校
⑪如水館高等学校
⑫広島新庄高等学校
⑬広島文教大学附属高等学校
⑭銀河学院高等学校
⑮安田女子高等学校
⑯山陽高等学校
⑰広島工業大学高等学校
⑱広陵高等学校
⑲近畿大学附属広島高等学校福山校
⑳武田高等学校
㉑広島県瀬戸内高等学校(特別進学)
㉒広島県瀬戸内高等学校(一般)
㉓広島国際学院高等学校
㉔近畿大学附属広島高等学校東広島校
㉕広島桜が丘高等学校

山口県

①高水高等学校
②野田学園高等学校
③宇部フロンティア大学付属香川高等学校
(普通科〈特進・進学コース〉)
④宇部フロンティア大学付属香川高等学校
(生活デザイン・食物調理・保育科)
⑤宇部鴻城高等学校

徳島県

①徳島文理高等学校

香川県

①香川誠陵高等学校
②大手前高松高等学校

愛媛県

①愛光高等学校
②済美高等学校
③FC今治高等学校
④新田高等学校
⑤聖カタリナ学園高等学校

福岡県

①福岡大学附属若葉高等学校
②精華女子高等学校(専願試験)
③精華女子高等学校(前期試験)
④西南学院高等学校
⑤筑紫女学園高等学校
⑥中村学園女子高等学校(専願入試)
⑦中村学園女子高等学校(前期入試)
⑧博多女子高等学校
⑨博多高等学校
⑩東福岡高等学校
⑪福岡大学附属大濠高等学校
⑫自由ケ丘高等学校
⑬常磐高等学校
⑭東筑紫学園高等学校
⑮敬愛高等学校
⑯久留米大学附設高等学校
⑰久留米信愛高等学校
⑱福岡海星女子学院高等学校
⑲誠修高等学校
⑳筑陽学園高等学校(専願入試)
㉑筑陽学園高等学校(前期入試)
㉒真颯館高等学校
㉓筑紫台高等学校
㉔純真高等学校
㉕福岡舞鶴高等学校
㉖折尾愛真高等学校
㉗九州国際大学付属高等学校
㉘祐誠高等学校
㉙西日本短期大学附属高等学校
㉚東海大学付属福岡高等学校
㉛慶成高等学校
㉜高稜高等学校
㉝中村学園三陽高等学校
㉞柳川高等学校
㉟沖学園高等学校
㊱福岡常葉高等学校
㊲九州産業大学付属九州高等学校
㊳近畿大学附属福岡高等学校
㊴大牟田高等学校
㊵久留米学園高等学校
㊶福岡工業大学附属城東高等学校
(専願入試)
㊷福岡工業大学附属城東高等学校
(前期入試)
㊸八女学院高等学校
㊹星琳高等学校
㊺九州産業大学付属九州産業高等学校
㊻福岡雙葉高等学校

佐賀県

①龍谷高等学校
②佐賀学園高等学校
③佐賀女子短期大学付属佐賀女子高等学校
④弘学館高等学校
⑤東明館高等学校
⑥佐賀清和高等学校
⑦早稲田佐賀高等学校

長崎県

①海星高等学校(奨学生試験)
②海星高等学校(一般入試)
③活水高等学校
④純心女子高等学校
⑤長崎南山高等学校
⑥長崎日本大学高等学校(特別入試)
⑦長崎日本大学高等学校(一次入試)
⑧青雲高等学校
⑨向陽高等学校
⑩創成館高等学校
⑪鎮西学院高等学校

熊本県

①真和高等学校
②九州学院高等学校
(奨学生・専願生)
③九州学院高等学校
(一般生)
④ルーテル学院高等学校
(専願入試・奨学入試)
⑤ルーテル学院高等学校
(一般入試)
⑥熊本信愛女学院高等学校
⑦熊本学園大学付属高等学校
(奨学生試験・専願生試験)
⑧熊本学園大学付属高等学校
(一般生試験)
⑨熊本中央高等学校
⑩尚絅高等学校
⑪文徳高等学校
⑫熊本マリスト学園高等学校
⑬慶誠高等学校

大分県

①大分高等学校

宮崎県

①鵬翔高等学校
②宮崎日本大学高等学校
③宮崎学園高等学校
④日向学院高等学校
⑤宮崎第一高等学校
(文理科)
⑥宮崎第一高等学校
(普通科・国際マルチメディア科・電気科)

鹿児島県

①鹿児島高等学校
②鹿児島実業高等学校
③樟南高等学校
④れいめい高等学校
⑤ラ・サール高等学校

新刊
もっと過去問シリーズ

愛知県

愛知高等学校
7年分(数学・英語)

中京大学附属中京高等学校
7年分(数学・英語)

東海高等学校
7年分(数学・英語)

名古屋高等学校
7年分(数学・英語)

愛知工業大学名電高等学校
7年分(数学・英語)

名城大学附属高等学校
7年分(数学・英語)

滝高等学校
7年分(数学・英語)

※もっと過去問シリーズは入学試験の実施教科に関わらず、数学と英語のみの収録となります。

教英出版
〒422-8054
静岡県静岡市駿河区南安倍3丁目12-28
TEL 054-288-2131
FAX 054-288-2133
詳しくは教英出版で検索
教英出版 検索
URL https://kyoei-syuppan.net/

令和六年度

佐賀学園高等学校

特別進学コース　入学試験問題

国語

(50分)

前期

(注意)

一、「始め」の合図があるまでは、開いてはいけません。

二、「始め」の合図があったら、まず、解答用紙に受験番号を書きなさい。

三、問題は全部で四題で、表紙を除いて十四ページです。

四、答えはすべて解答用紙に書きなさい。

五、特別に指示のある場合を除き、句読点は一字として数えます。

六、質問があったら、黙って手をあげなさい。

七、「やめ」の合図で鉛筆をおきなさい。

一

次の文章を読んで、あとの各問いに答えなさい。

お詫び
著作権上の都合により、文章は掲載しておりません。
ご不便をおかけし、誠に申し訳ございません。
教英出版

（小宮山博仁『図解眠れなくなるほど面白い　統計学の話』より）

問一　——①「過去最高を更新」とあるが、なにが過去最高であるのかを次の（　　　）にあてはまるように本文中から四字で抜き出しなさい。

日本の（　　　）が２０１８年９月15日時点で過去最高を更新した。

問二　——②「高齢化社会になるとどんな問題が起きるのでしょうか。」とあるが、どのような問題が起きると考えられるか。またその問題を解決するにはどのような方法があるのか、具体的に百字以内で述べなさい。

〔注意事項〕

1　二段落構成にすること。

2　原稿用紙の使い方に従って書くこと。ただし、題や名前は書かずに、一行目から本文を書くこと。

3　字数は八十一字以上書くこと。

二　次の文章を読んで、あとの各問いに答えなさい。

これまでの知的活動の中心は、記憶と再生にあった。それでは※グライダー人間が多くなるのも当然である。学校は、すでにのべたように、グライダー訓練所であるのをすこしも恥じるところがない。（　Ⅰ　）、それを誇りにしてきた。社会もそれを㋐アヤしむことをしなかった。

記憶は人間にしかできない。大事なことを覚えておいて、必要なときに、思い出し、引き出してくるというのは、ただ人間のみできることである。ずっとそう考えられてきた。その能力をすこしでも多くもっているのは、〝優秀〟な人間とされた。教育機関が、そういう人間の育成に力を注ぐのは当然の㋑セキムである。

これまでは、これに対して、深く考える必要がなかった。疑問を投げかけるものがなかったからである。（　Ⅱ　）、ここ数十年来、しだいに大きく、記憶と再生の人間的価値がゆらぎ始めた。

コンピューターという機械が出現したからである。コンピューターがその名の示すように計算をするだけなら、それほど、おどろくこともない。コンピューターは計算機の殻を脱皮すると、すこしずつだが人間頭脳の働きに近づき出した。

そのうちで、すでに確立しているのが、記憶と再生の機能である。これまで人間にしかできないとばかり思われていたことを、コンピューターがどんどん、いとも簡単に片付けてしまう。人間なら何十人、何百人もかかるような仕事を一台でこなしてしまうのを目の当り見せつけられて、人間ははじめのうちこそⓐ舌を巻いて感嘆していられた。

やがて、感心ばかりもしていられなくなり出したのである。人間とは、なんなのか、という反省がすこしずつ芽生えてきた。われわれは、これまでいっしょうけんめいに勉強して、コンピューターのようになることを目指していたのであろうか。しかも、記憶、再生とも、人間は、とてもコンピューターにかなわない。

本物のコンピューターとして見れば㋒欠陥があるが、人間コンピューターは、電源はいらないし、どこへでも自分の足で移動できるという点で自からを慰めることもできるであろう。

きわめて優秀な記憶再生の装置がつくられることになって、不完全な装置を頭の中へ組み込もうとしてきた、これまでの人間教育が急に間の抜けたものに見え出してきた。学校はコンピューター人間を育ててきた。しかもそれは機械に負けてしまうコンピューター人間である。機械が人間を㋓ハイジョするのは歴史の必然である。現代は新しい機械の挑戦を受けるという問題に直面しているのに、お互いそれほどの危機感をいだいていない。きのうまでのことがきょうも続き、きょうのことは明日もその通りはこぶであろうという楽天的保守主義※にⓑ目がくらんでいるためであろう。

人間は機械を発明して、これに労働を肩代わりさせてきた。機械は召使いで、人間が思うように使いこなす。そう考えることもできるけれども、逆から見ると、人間は自分の作り出した機械に仕事を奪われる歴史をくりかえしてきたと見ることもできる。ただ便利になったと言って喜んではいられない。

～中略～

これまでの学校教育は、記憶と再生を中心とした知的訓練を行なってきた。コンピューターがなかったからこそ、コンピューター的人間が社会で有用であった。記憶と再生がほとんど教育のすべてであるかのようになっているのを、おかしいと言う人はまれであった。コンピューターの普及が始まっている現在においては、この教育観は根本から㋔ケントウされなくてはならないはずである。学校だけの問題ではない。ひとりひとりの頭のはたらきをどう考えるか。思考とは何か。〝機械的〟〝人間的〟概念の再規定など、重要な課題がいくらでもある。

（外山滋比古『思考の整理学』ちくま文庫より）

※　グライダー人間…ここでは、独力で知識を得ることをしない受動的な人間のこと。

※　保守主義…今までのやり方や伝統を守っていこうとする考え方のこと。

問一　～～～㋐「アヤ（しむ）」・㋑「セキム」・㋒「欠陥」・㋓「ハイジョ」・㋔「ケントウ」のカタカナは漢字に直し、漢字は読みをひらがなで書きなさい。

問二　（　Ⅰ　）・（　Ⅱ　）に入る最も適切なことばを次のア～オの中からそれぞれ選び、記号で答えなさい。

ア　また　　イ　ところが　　ウ　あたかも　　エ　やがて　　オ　むしろ

問三　＝＝＝ⓐ「舌を巻いて」・ⓑ「目がくらんで」の本文中の意味として最も適切なものを次のア～エの中からそれぞれ選び、記号で答えなさい。

ⓐ　ア　ばかにされて　　イ　説得されて　　ウ　非常に驚いて　　エ　がっかりして

ⓑ　ア　心が奪われ判断力がなくなって　　イ　守られていると安心しきって

　　ウ　一時的に疑う気持ちが強まって　　エ　何の根拠もなく信頼を置いて

問四　――「これまでの人間教育が急に間の抜けたものに見え出してきた」とあるが、これまでの人間教育が「間の抜けたものに見え出してきた」理由を六十五字以内で説明しなさい。

問五　次に示すのは、文章についての増田さんと加藤さんの【対話】である。文章と【対話】を踏まえて、設問に答えなさい。

増田さん　この文章ではコンピューターという機械の出現で、私たちの学び方を変える必要があると書いてあったけど…。

加藤さん　能力的に、計算をするだけなら人間はコンピューターにはかなわないと筆者は言っているよ。さらに、すこしずつだけど人間頭脳の働きに近づき出しているらしいね。たとえば、最近、人間対人工知能による囲碁や将棋の対局が行われて注目をあびていたよね。対局では人工知能が人間に勝つこともあったよ。

増田さん　それはすごい。

加藤さん　他にも僕が行くお店では人工知能を使ったロボットが掃除や接客しているのをよく見かけるようになったね。

増田さん　いろいろな場所で人工知能を使ったものが活躍しているんだ。

加藤さん　そうだね。活躍しているのはいいんだけど心配な点もあるよね。人工知能が発展することで、僕たちが社会人になる頃の仕事のあり方が変わってくるんじゃないかって言われるようになってきているんだ。

増田さん　僕たちはどうしていけばいいのかな。

加藤さん　これからは、人間にしかできないことをみつけて、コンピューターに負けない分野も学んでいく必要があるのかもしれないね。

――「僕たちが社会人になる頃の仕事のあり方が変わってくる」とあるが、どのようなことを言おうとしているのか。最も適切なものを次のア～エの中から選び、記号で答えなさい。

ア　煩雑な作業を得意とする分野に機械が介入することで、将来私たちの仕事がすべてなくなってしまうこと。

イ　単純作業など、機械が得意とする分野に大きくかかわっている私たちの仕事がなくなる可能性があること。

ウ　心を読み取れる機械が増えることによって会話をする必要がなくなり、人間関係が希薄になっていくこと。

エ　機械では心を読み取ることができないため、私たちの将来の仕事は決してなくなることはないということ。

三　次の文章を読んで、あとの各問いに答えなさい。

> 北海道にある生田羽《いくたば》中学校生田羽分校には、一年生が四人、三年生が一人しかいない。三年生の白石弥生は、生田羽中学校本校の生徒と合同の修学旅行を、五月中旬に控えていた。本文は、本校で開催される修学旅行のオリエンテーションに向かう途中の場面である。

この春から、桐子は隣町の公立高校へ進学した。

いつくらいからだったろう、桐子からのメール返信が㋐間遠になり始めたのは。

弥生は職員室へ歩きながら考えた。

春休みの期間はそんなことはなかったし、数回は直接会って、互いの部屋でマンガを読んだり、隣町まで足を延ばして、映画を一緒に観たりなどした。①隣で歩く桐子の、風に揺れる長い髪のきれいさは、ついこの間のもののようなのに。

最初は遅れるだけだった。けれど、ゴールデンウィークを目の前にした今は、メールそのものが来ない。

部活動を始めたとは聞いていない、勉強が忙しいのかもしれない。

でも、日に一度くらいメールをくれたっていい。受験勉強の合間にだってくれていたのだから。

学年は違うけど、友達なのに――弥生はまた［　A　］。

鞄《かばん》を持って職員室へ入ると、三人の先生たちが笑いかけてきた。一礼して顔を上げたとき、教師の中の一人と目が合った。

この春から赴任してきた社会科の若い教師だ。弥生は笑い返さなかった。このごろはこちらのことを考えて、わりに熱心に教えてくれるようになってきたけれど、初めはひどかった。明らかに去年のテストを再利用したやっつけな問題を解かせては、その時間先生のくせに内職をして、いいかげんに、適当に、という気持ちが筒抜けだった。

ちょっと頑張りだしたからって、おいそれと甘い顔してあげるほど、自分は子どもじゃない。一年の手塚みなみなら騙《だま》されるかもしれないけれど。あの子はまだ幼いから――弥生はにきびだらけの少女の顔を思い起こす――あの子が私みたいだったらいいのに。年上とも話ができる大人っぽさがあればいいのに。あの子とは㋑トウテイ仲良くなれそうにない。

桐子がいなくなってしまった生田羽分校で、②弥生は自分だけが一人浮きあがっているように感じる。

「白石さん、じゃあこっちに座ってくれる?」

後藤先生が壁際から、背もたれのない丸い小さな椅子を引っ張ってきて、先生のデスクの右袖に置いた。弥生はそれに従った。

後藤先生の机の上には、『生田羽中学校修学旅行について』というプリントがあった。

「五月の第三週、三泊四日だよ。楽しみだね」

全然楽しみではない弥生だが、その感情を前面に押し出すのは幼すぎると自戒し、頷《うなず》いてみせる。「……はい」

「朝七時半に集合して旭川空港まで貸切バス、空港から羽田へ飛んで、その日は東京をいろいろと……」

プリントに書いてある大まかなタイムテーブルを、㋒テイネイに説明する後藤先生の横で、弥生はこっそりとスカートのポケットに手を入れ、中に入れてきた携帯を探る。

震えて、と念じながら。

「……それでね、ゴールデンウィークが明けて六日の五時間目と六時間目は、本校の方でオリエンテーションなんだ」

「そうですか」

小学校六年生のときと同じ流れである。③弥生の心に生まれたひび割れから、憂鬱《ゆううつ》がじわりじわりと漏れ出し、全体を冷たくひたしていく。

④携帯は、じっとしたままだ。

「オリエンテーションの日は、林先生が本校まで車で送るからね。もちろん、帰りも迎えに行くよ」

その名前の方へ視線をやると、うさんくささがぬぐえない若い先生は、また表情を柔らかくした。

「ありがとうございます、お願いします」

弥生はプリントを受け取り、鞄に入れて、立ち上がった。

職員室を出るときにまた礼をしたら、やっぱり三人の先生方はにこにこしていた。

憲太だけじゃない、先生も修学旅行は生徒にとって、無条件に楽しいイベントだと思っているのだ。

常識的に考えれば、それは正解かもしれない。でも、分校の生徒にとっては、特に自分のような子には、当てはまらない。

小学生のときは一泊二日だったから、なんとかごまかし、しのぎきることができたけれど、今回はどうだろう?

分校の生徒数は少ない。特に弥生は分校内でたった一人の三年生だ。だから、分校単独での修学旅行は成り立たない。本校の生徒に交じって行く仕組みになっている。

ろくに会ったことも話したこともない子たちの中に一人ぼっちで放り込まれて、どうやって楽しくすればいい？　そんなこと、できるはずない。

本校の子と一緒に行くくらいなら、修学旅行なんて別になくたっていいのに。

弥生は玄関で外靴に履き替えるのも［　B　］、ポケットから携帯を取り出して、桐子にメールを打った。

『桐子さん

今、後藤先生に呼ばれて、修学旅行の話をしたの。

来月第三週の月曜から三泊四日。東京と千葉と名古屋だって。去年の桐子さんのときもそうだったよね？

ああもう、本当に嫌だな。行きたくないな。風邪ひかないかな。病気になったら休めるのに。

どうせ行くなら、一年繰り上げて、去年桐子さんと一緒に行きたかったな。

一年生の子たちはもちろん、先生たちも私の心の中なんて全然わからないんだ。

でも桐子さんなら、わかってくれるよね？』

弥生は文章を一度だけ読み返してから、送信ボタンを押した。

――桐子さんなら、わかってくれるよね？

気持ちを尋ねているのだから、きっと返信をくれるはずと、弥生は携帯のマナーモードを㋓カイジョして、鞄の中に入れた。

＊

「じゃあ白石さん、行こうか」

弥生は小さく頷いて、林先生の車の助手席に乗り込んだ。シルバーっぽいコンパクトカーの側面にはうっすら汚れがついていて、弥生は風にひるがえるベージュのコートがそれに触れないよう、気をつけなければいけなかった。

車の中は、弥生の嗅《か》いだことのない、柑橘《かんきつ》系の芳香剤の匂いが爽《さわ》やかに漂っていた。

シートベルトを締めてから、携帯電話が入っている鞄を胸の前で抱える。
「本校の生徒たちとこういった行事に参加するのは、いつ以来？」
林先生が明るく訊《き》いてくるのを、弥生はうっとうしく思った。
「……去年の遠足のとき以来」
あのときはまだ良かった。分校生徒全員が一緒だった。つまり桐子がいた。
「そうか。遠足か。懐かしい響きだなあ……」
林先生と親しくしゃべる気のない弥生は、鞄の中から携帯を取り出した。普通の感覚を備えていれば、それとない㋔キョゼツの雰囲気を悟るだろう。実際林先生は黙った。
弥生は村の南側へ向かう車窓の景色など一切無視して、携帯の液晶画面のみに視線を集中させた。メールボタンを押し、受信トレイを呼びだす。
職員室で修学旅行のプリントをもらったあと、桐子あてに送ったメールも、すぐには返信が来なかった。待って待って、ようやく携帯が歓喜の声をあげたのは、ゴールデンウィーク初日の四月二十九日の夜だった。
『修学旅行楽しんで来てね』
メールはたった一文で終わっていた。けれども、返事をくれたことは嬉《うれ》しかった。
弥生はすぐにそれに返信し、連休中一度会ってどこかへ行かないかと誘った。
一日待ってもなにも反応がなかったので、直接電話をした。もたもたしていたらゴールデンウィークなんて、朝顔の花みたいにすぐ終わってしまうからだ。
――もう、他に予定があるの。ごめんね、また今度。
桐子はなんとなく普段より早口だったように思う。結局連休中に桐子と会うことはなかった。
液晶画面に表示される一文を、弥生は見つめ続けた。

（乾ルカ『願いながら、祈りながら』徳間書店より）

問一 〰〰㋐「間遠」・㋑「トウテイ」・㋒「テイネイ」・㋓「カイジョ」・㋔「キョゼツ」のカタカナは漢字に直し、漢字は読みをひらがなで書きなさい。

問二 [A]・[B]に入る最も適切なことばを次のア～エの中からそれぞれ選び、記号で答えなさい。

[A]
ア 小躍りする
イ 下唇を噛む
ウ 拍子抜けする
エ 顔に泥を塗る

[B]
ア ねたましく
イ みっともなく
ウ うれしく
エ もどかしく

問三 ――①「隣で歩く桐子の、風に揺れる長い髪のきれいさは、ついこの間のもののようなのに」とあるが、この説明として最も適切なものを次のア～エの中から選び、記号で答えなさい。

ア 今は音信が途絶えがちになっているが、弥生は桐子の髪のきれいさが思い出せるほど親しかったということ。
イ ついこの間会ったばかりだが、髪のきれいさを忘れてしまうほど、桐子から気持ちが遠ざかったということ。
ウ しばらく会っていないのに、ついこの間会ったようだと感じる自分に、おかしさを感じているということ。
エ しばらく会っておらず連絡を取らないうちに、桐子のことを思い出しても気にならなくなったということ。

問四 ――②「弥生は自分だけが一人浮きあがっているように感じる」とあるが、この説明として最も適切なものを次のア～エの中から選び、記号で答えなさい。

ア 最上級生の自分の境遇を心配して熱心に指導してくれる先生にさえ心を許せない自分に、嫌悪感を抱いている。
イ 本校の生徒と行く修学旅行が楽しみであることに加えて、新しく友達ができることに大きな期待を寄せている。
ウ たった一人の最上級生であることを自覚し、後輩の面倒を見なければならないという責任を強く感じている。
エ 親友とも呼べる人が遠くの高校へ進学してしまい、仲良くなれそうな人も見つけられず、孤独を感じている。

問五　――③「弥生の心に生まれたひび割れから、憂鬱がじわりじわりと漏れ出し、全体を冷たくひたしていく」とあるが、弥生のどのような様子を表しているか。六十字以内で説明しなさい。

問六　――④「携帯は、じっとしたままだ」とあるが、この部分と対照的な内容を示す箇所をこれより後の本文中から探し、十字程度で抜き出しなさい。

四

次の文章を読んで、あとの各問いに答えなさい。

これも今は昔、※丹後守保昌《たんごのかみやすまさ》、国へ下りける時《任国へ下ったとき》、※与佐《よさ》の山に、白髪の武士一騎あひたり。路《みち》の傍《かたはら》なる木の下に、うち入りて立てたりけるを、※国司の※郎等《ろうどう》ども、「①この翁《おきな》、など《どうして》馬よりおりざるぞ。奇怪なり。②咎《とが》めおろすべし」といふ。ここに国司の曰《い》は く、「一人当千の馬の立てやうなり。ただにはあらぬ人ぞ。咎むべからず」と制してうち過ぐる程に、※三町ばかり行きて、大矢の※左衛門尉致経《さゑもんのじやうまさつね》、あまたの兵を具してあへり《たくさんの兵を連れているのに出会った》。国司会釈する間《挨拶をするので、》、致経が曰はく、「ここに老者《らうじや》一人あひ奉《たてまつ》りて候《さぶら》ひつらん《お会い申し上げたでしょう》。致経が父※平五大夫《へいごたいふ》に候ふ。堅固《けんご》の田舎人にて《全くの田舎者で》、子細《しさい》を知らず、③無礼《むらい》を現し候ひつらん」といふ。致経過ぎて後、「④さればこそ」とぞいひけるとか《言ったとかいうことである。》。

（『宇治拾遺物語』より）

※　丹後守保昌…丹後の国（今の兵庫県）の地方長官である藤原保昌。武勇にすぐれていた。
※　与佐…京都府にある普甲山《ふこう》。
※　国司…守に同じ。地方長官。
※　郎等…家来。
※　三町…約三三〇メートル。
※　左衛門尉致経…平致経。大きな弓を愛用していたため、「大矢の左衛門尉」と呼ばれた。
※　平五大夫…平致頼。武勇にすぐれていた。

問一 ═══「やうなり」を現代仮名遣いに直しなさい。

問二 ―――①「この翁」と同じ人物を指すことばを、これより前の本文中から抜き出しなさい。

問三 ―――②「咎めおろすべし」の現代語訳として最も適切なものを次のア〜エの中から選び、記号で答えなさい。

ア 馬から降りなくても、決して責めてはいけません。

イ 馬から降ろして、非を責めるのがよいでしょう。

ウ 馬から降ろして、理由を聞いてみてはどうですか。

エ 馬から降りて、話しかけてみてはいかがでしょう。

問四 ―――③「無礼」とあるが、誰のどのような行為を「無礼」と言っているのか、説明しなさい。

問五 ―――④「さればこそ」とあるが、この内容の説明として最も適切なものを次のア〜エの中から選び、記号で答えなさい。

ア 「どうしようか」という意味で、保昌が、高名な武士への対応の仕方がわからず困っているということ。

イ 「しかたがない」という意味で、保昌が、名の知れた武士に対して国司への挨拶を強要したということ。

ウ 「思った通りだ」という意味で、保昌が、馬に乗った老人をただ者ではないと感じたのは正しかったということ。

エ 「申しわけない」という意味で、保昌が、老人を無理やり馬から降ろしたことは間違いだと気づいたということ。

前期

令和6年度
佐賀学園高等学校
特別進学コース
入学試験問題

数学

(50分)

(注意)

1.「始め」の合図があるまでは，開いてはいけません。

2.「始め」の合図があったら，まず，解答用紙に受験番号を書きなさい。

3. 問題は全部で5題で，表紙を除いて6ページです。

4. 答えはすべて解答用紙に書きなさい。

5. 円周率はπとしなさい。また，$\sqrt{\ }$の中はできるだけ簡単な数にしなさい。

6. 図はかならずしも正確ではありません。

7. 分数は，これ以上約分できない形にしておきなさい。分母は$\sqrt{\ }$をふくまない形にしなさい。

8. 分度器，計算機は使用してはいけません。

9. 質問があったら，黙って手をあげなさい。

10.「やめ」の合図で鉛筆をおきなさい。

1 次の各問いに答えなさい。

(1) 次の計算をしなさい。

① $15-(-5)\times(-4)$　　② $\frac{1}{3}\left(\frac{2}{3}-\frac{3}{2}\right)+\left(\frac{2}{3}-\frac{3}{2}\right)$

③ $5ab^3\times(2a^2b)^2\div4a^3b$　　④ $\left(\sqrt{18}+\frac{1}{\sqrt{2}}\right)\left(\sqrt{27}-\sqrt{3}\right)$

(2) $3x^3-21x^2+18x$ を因数分解しなさい。

(3) 二次方程式 $3x^2+7x+1=0$ を解きなさい。

(4) 毎分 12 L の割合で水を入れると 20 分でいっぱいになる水そうがある。この水そうに毎分 x L の割合で水を入れ，いっぱいになるまでにかかる時間を y 分とする。このときの x，y の関係を表しているグラフを次の**ア**～**エ**から 1 つ選び，記号で答えなさい。

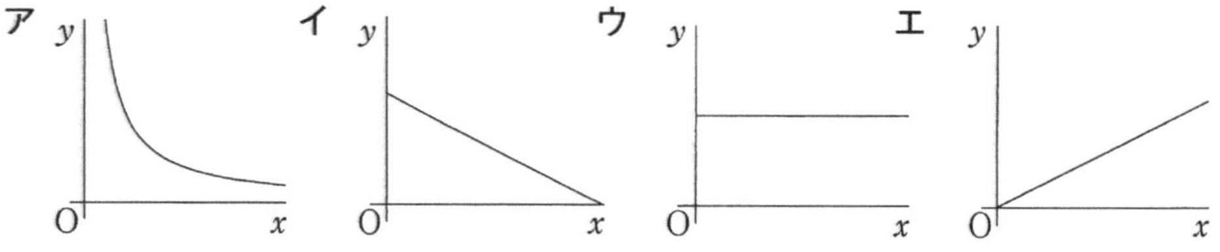

(5) 次の**ア**～**オ**のうち，正しく述べているものをすべて選び，記号で答えなさい。

ア 方程式 $x=3$ のグラフは，y 軸に平行な直線である。

イ 関数 $y=x+3$ のグラフは，点$(1,3)$を通る。

ウ y が x に比例するとき，a を定数として，$y=ax$ と表すことができる。

エ 反比例の関係式 $y=\frac{3}{x}$ で x の値が 3 倍となると，y の値も 3 倍となる。

オ 関数 $y=3x^2$ のグラフは，x 軸を対称の軸として線対称である。

(6) 下の図の△ABCは正三角形である。点D，E，Fは各辺の中点とする。また，B，C，D，E，Fと書かれたカードが1枚ずつ入っている袋から2枚のカードを同時に取り出す。このとき，取り出したカードに書かれている文字と同じ2点と点Aの3点をそれぞれ結んでできる図形が正三角形となる確率を求めなさい。

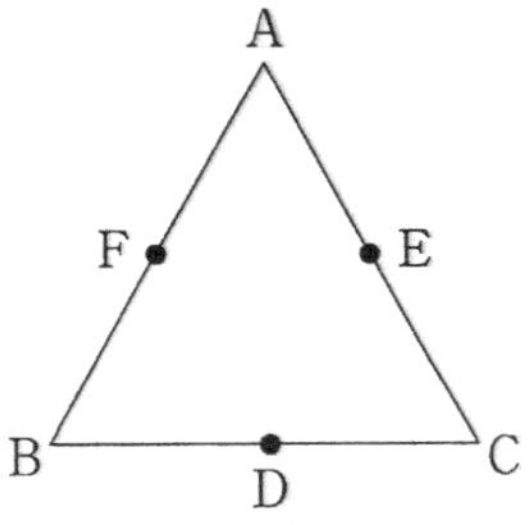

(7) 次のデータは，A組の生徒18名がハンドボール投げを行い，その距離を投げた順に記録したものである。

14，16，20，9，22，23，35，18，13，25，30，8，16，21，18，15，23，27

（単位：m）

このとき，箱ひげ図をかきなさい。

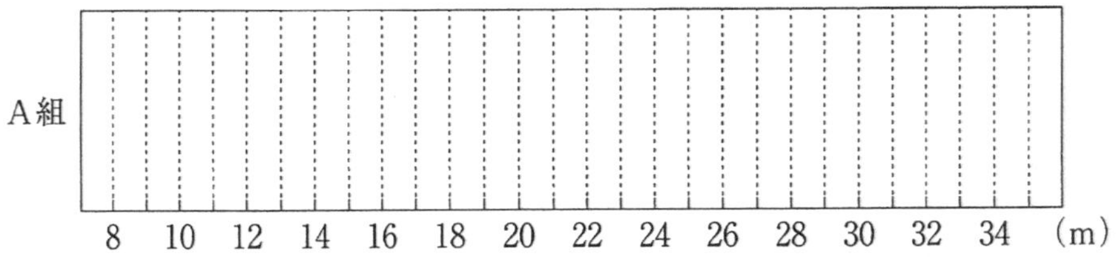

(8) 下の図は，母線の長さが8cm，底面の円の半径が3cmの円錐である。この円錐の展開図において，側面になるおうぎ形の中心角の大きさを求めなさい。

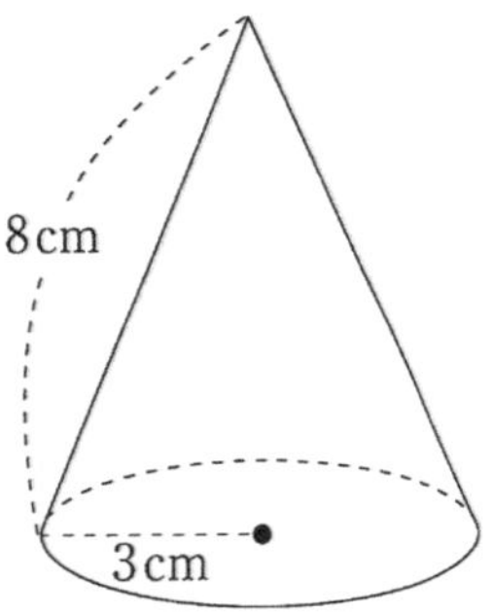

2 下の図のように，関数 $y = ax^2$ のグラフと直線 ℓ が2点A，Bで交わっている。点Aの x 座標は -4 で，点Bの座標は(6，18)である。また，直線 ℓ と x 軸との交点をCとし，AC＝ADとなる点Dを x 軸上にとる。このとき，次の各問いに答えなさい。

(1) a の値を求めなさい。

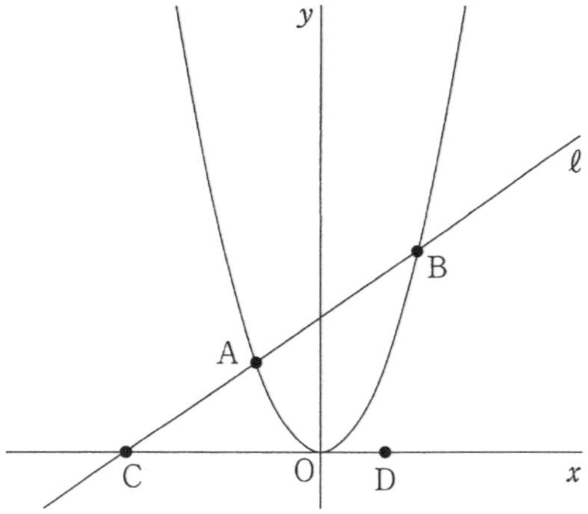

(2) 点Cの座標を求めなさい。

(3) △ACDの面積を求めなさい。

(4) △ADBと△ADPの面積が等しくなる点Bとは異なる点Pを関数 $y = ax^2$ のグラフ上にとるとき，直線BPの式を求めなさい。また，このときの点Pの座標を求めなさい。

3　ある配送会社には1日あたり，同じ大きさの荷物をそれぞれ一定の個数だけ運ぶ2種類のトラックA，Bがある。①このトラックAを3台，トラックBを1台使って3日間荷物を運び，その翌日からトラックAを2台，トラックBを2台使って2日間荷物を運んだところ2790個の荷物を運ぶことができた。また，②トラックAとBを2台ずつ使って2日間荷物を運び，その翌日からトラックAを3台，トラックBを1台使って2日間荷物を運んだところ2220個の荷物を運ぶことができた。トラックA，Bが1台で1日に運ぶ荷物の個数をそれぞれx個，y個とするとき，次の各問いに答えなさい。

(1)　下線部①より，x，yの関係式をつくりなさい。

(2)　下線部②より，x，yの関係式をつくりなさい。

(3)　トラックAとBが1台で1日に運ぶ荷物の個数をそれぞれ求めなさい。

4　右の図のように，正方形ABCDの各辺を1辺とする正三角形PAB，QBC，RCD，TDAがある。

線分PRが辺ABと線分AQと交わる点をそれぞれH，Eとする。また，線分PDが線分AQと交わる点をFとする。このとき，次の各問いに答えなさい。

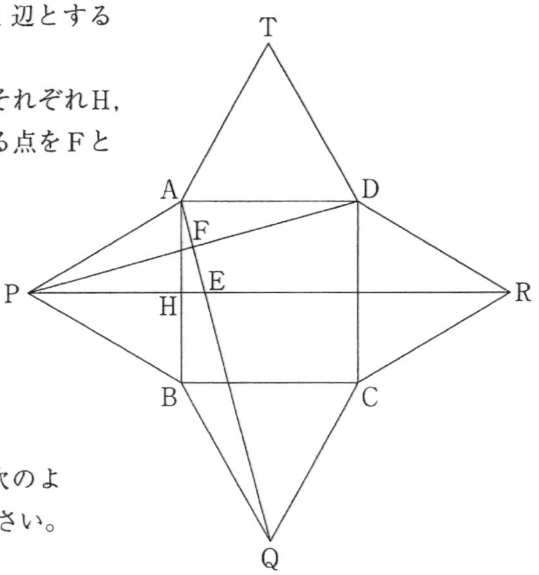

(1)　右の図において，△APDと合同な三角形を探し，下の［★］をうめなさい。

△APD ≡ △［★］

(2)　△AHEと△DFAが相似であることを次のように証明した。(ア)，(イ)に適する式を書きなさい。

【証明】

△AHEと△DFAにおいて

AB ⊥ PHより AD // PEである。

よって，(ア)［∠　　＝∠　　］……①

(1)より，△APD ≡ △［★］である。

よって，(イ)［∠　　＝∠　　］……②

①，②より，2組の角がそれぞれ等しいので，

△AHE∽△DFA

(3)　∠FPEの大きさを求めなさい。

(4)　$AD = 4$，$PH = 2\sqrt{3}$ とするとき，線分HEの長さを求めなさい。

(5)　(4)のとき，△AHEの面積は，△DFAの面積の何倍であるか求めなさい。

K 教英出版

5　下の**〈図Ⅰ〉**のA，B，C，D，E，Fの枠の中に規則的に数字を入れていき，**〈図Ⅱ〉**のように順番に並べていく。

〈図Ⅰ〉

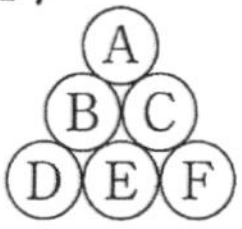

〈図Ⅱ〉

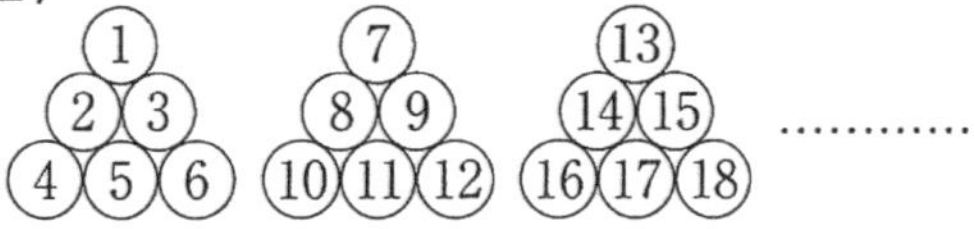

1番目　2番目　3番目

このとき，次の各問いに答えなさい。

(1)　5番目のBの枠に入る数字を答えなさい。

(2)　次の文章は，はるきさんとゆうなさんが規則性について考察したものである。(ア)〜(カ)の空欄に適当なものを入れなさい。

〈はるきさん〉

各番目のAの枠に入る数字は，1番目の1から6ずつ増えているので2番目は $7=1+6\times$ (ア)［　　］，3番目は $13=1+6\times$ (イ)［　　］…と考えることができる。よって，整数 n を用いて，n 番目のAの枠に入る数字は (ウ)［　　］と表すことができる。

〈ゆうなさん〉

各番目のFの枠に入る数字は，1番目が6で，2番目は $12=6\times$ (エ)［　　］，3番目は $18=6\times$ (オ)［　　］…と考えることができる。よって，整数 n を用いて，n 番目のFの枠に入る数字は (カ)［　　］と表すことができるので，n 番目のAの枠に入る数字は (ウ)［　　］と表すことができる。

(3)　A〜Fの枠のすべての数字の和が777となるのは何番目か求めなさい。

(4)　下の**〈図Ⅲ〉**のように順番に並べていったとき，A〜Fの枠のすべての数字の和が1188となるのは何番目か求めなさい。

〈図Ⅲ〉

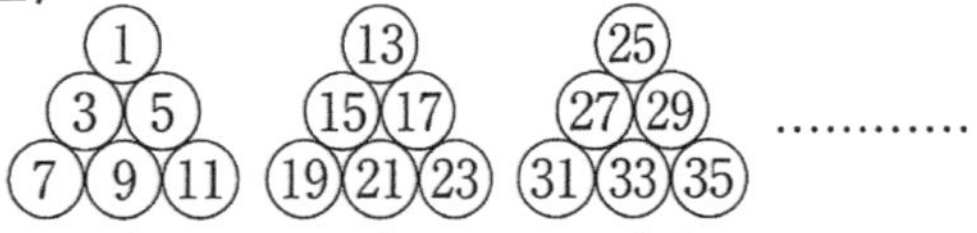

1番目　2番目　3番目

令和六年度

佐賀学園高等学校

普通科・情報処理科・商業科　入学試験問題

国語

（50分）

前期

（注意）

一、「始め」の合図があるまでは、開いてはいけません。

二、「始め」の合図があったら、まず、解答用紙に受験番号を書きなさい。

三、問題は全部で三題で、表紙を除いて十ページです。

四、答えはすべて解答用紙に書きなさい。

五、特別に指示のある場合を除き、句読点は一字として数えます。

六、質問があったら、黙って手をあげなさい。

七、「やめ」の合図で鉛筆をおきなさい。

一　次の文章を読んで、あとの各問いに答えなさい。

地球上での生きものの歴史を考える際に、※エポックメイキングと呼んでよい事柄がいくつかありますが、その一つに「生きものの上陸」があります。

38億年前に生まれた地球最初の生命体は、その後33億年間ずっと海のなかにいました。今からおよそ5億年前にようやく陸へ上がりはじめたのです。考えてみれば①これは当然のこと。海には、生命の維持に大切な水はたっぷりあるし、太陽から降ってくる紫外線などの有害な㋐コウセンも遮ってくれますから。

なぜ生きものが陸に上がったのかよくわかりません。でも挑戦をしました。生きものが上陸しなかったら人間は生まれなかったわけですし、陸に上がったからこそ生きものは多様化し、空まで飛ぶようになりました。「上陸」という出来事は、生きものにとってきわめて重要なことだったのです。

最初に陸に上がった生きものは植物です。植物は自然界の基礎ともいえる存在で、植物なくして生きものは生きていけません。最初に上陸した植物はコケやシダでしたが、今は樹高40mや70mといった高木もあります。②よくよく考えると、これはすごいことです。たとえばマンションの10階での水道は、エネルギーを使ってポンプを回し、屋上まで吸い上げた水を送っています。しかし、植物は動力を使わずに水を70mの高さまで吸い上げているのです。「機械論的世界観」が人間社会を覆っていたときは、生きものがやっていることなんて※「保守的で古いこと」と思われがちでした。しかし、たとえば魚類が水のなかから陸に上がってきて空を飛ぶようになる間に、生きものはどれほど新しいことに挑戦してきたことか……。そう考えると、生きものの進化の凄《すご》さがわかるのではないでしょうか。

（中略）

機械と生きものの違いを考えてみます。

機械は「構造と機能」がわかればOKです。しかし生きものはそうはいきません。たとえばアリを理解しようと思ったとき、アリをバラバラに分解しても本質はわかりません。そのアリはどのようにして今の姿になったのか。38億年の歴史とほかの生きものたちとの関係を読み解かない限り、③ほんとうの意味でアリを理解したことにはならないのです。

もう一つ付け加えると、機械はどれも㋑均一にすることが大事ですが、生きものはどれだけ多様になるかが大切です。追求することも違います。機械は[A]を追い求めますが、生きものは[B]を重視します。生活がどんなに便利で豊かでも、人類という種が途絶えてしまったら意味がありません。「つづく」ということの意味を考える必要がありそうです。

生きものの研究が、「生きているとはどういうことなのか」を調べていくには㋒土台となる生命論的世界観が必要なのです。生きものの一員として、自分がどう生きていくかを決めて、どういう社会をつくっていくと暮らしやすいかを考える。そして、その社会を実現するために必要な科学技術を考える――。これが科学の本来の㋓ジュンジョなのですが、今の社会は逆です。まず技術ありき。しかも技術の前に、経済ありきなんです。社会と生活と思想がないから「どう生きるか」という部分が抜け落ちています。

38億年前に生まれた小さな細胞からさまざまな生きものが生まれ、ときどき絶滅の危機に瀕《ひん》したけれど乗り越えて、そうするうちに霊長類の仲間から二本足で立つちょっと変わった生きもの＝ヒトが誕生しました。生きものは何千万種も存在しますが、ほかの生きものは人間のように高度な文明を持った社会をつくることはできません。

人間は、20世紀に大きなビルが建ち並び、その間を電車や自動車が走り、飛行機が空を飛び、コンピュータが㋔至るところで使われる、そういう社会をつくってきました。

人間が脳など独自の能力を生かしたことはとても重要です。だからこそ、④このような社会をつくることができたのですから。それを否定しませんが、でも人間は自然の一部であるということを忘れてはいけないのです。都市や先端技術といった文明社会だけでは、人間は生きられません。

（中村桂子『私のなかにある38億年の歴史―生命論的世界観で考える』より）

※　エポックメイキング…画期的な。

※　保守的…それまで続いてきた状態を維持し続けること。

問一　〰〰㋐「コウセン」・㋑「均一」・㋒「土台」・㋓「ジュンジョ」・㋔「至(る)」のカタカナは漢字に直し、漢字は読みをひらがなで書きなさい。

問二　――①「これ」の指す内容として最も適切なものを次のア～エの中から選び、記号で答えなさい。

ア　38億年前、地球最初の生命体は海の中で生まれたこと。

イ　地球最初の生命体が33億年間ずっと海の中にいたこと。

ウ　地球の生命体が5億年も前に陸に上がりはじめたこと。

エ　地球最初の生命体が、28億年かけて進化してきたこと。

問三　――②「よくよく考えると、これはすごいことです」とあるが、高木のどのような点を「すごい」と述べているのか。三十字程度で説明しなさい。

問四　――③「ほんとうの意味でアリを理解した」とあるが、「アリの理解」のために必要なこととして最も適切なものを次のア～エの中から選び、記号で答えなさい。

ア　卵からかえったアリが、どのような過程を経て成虫へと変化するのか調べること。

イ　最新のＤＮＡ解析を元にして、アリの進化の過程を遺伝子レベルで分析すること。

ウ　アリが他の生物たちとどのように関わって、かつ進化してきたのかを考えること。

エ　他の昆虫と比較することで、アリ特有の生態を客観的データに基づき論じること。

問五　[A]・[B]に入る最も適切なことばを次のア〜エの中からそれぞれ選び、記号で答えなさい。

[A]

ア　利便性
イ　利益率
ウ　万能感
エ　操作法

[B]

ア　「かわっていくこと」（最適化）
イ　「つづいていくこと」（継続性）
ウ　「みとめられること」（承認欲）
エ　「なかよくすること」（親近感）

問六　――④「このような社会」とは、どのような社会か。その内容を指している部分を、本文中から十字程度で抜き出しなさい。

二　次の文章を読んで、あとの各問いに答えなさい。

瀬名垣太一《せなかきたいち》と本田真志喜《ほんだましき》は、幼なじみの小学生である。太一の父は古書（古くて価値のある本）の買い付けを仕事としており、真志喜の祖父である本田翁《ほんだおう》が始めたその地域では業界一の古書店『無窮堂《むきゅうどう》』に昔から世話になっている。

瀬名垣がかざした本を、『無窮堂』の店主だった真志喜の父親はちらりと見た。そしてぞんざいに、

「ああ、どうせ捨てる本だ。欲しければ持っていくといい」

と言った。瀬名垣は心に※快哉《かいさい》を叫んだ。

そのとき、傍らで瀬名垣の父親と雑談していた本田翁が、穏やかに声をかけてきた。

「太一、その本をちょっと見せておくれ」

瀬名垣はもちろん、本田翁に見せたくなかった。①目利きの評判をほしいままにする翁は、この掘り出し物の価値をさすがに一目で見抜くだろう。そうなったら、この本は取り上げられてしまう。ためらっていると父親が、「さっさと翁に渡せ」としきりに目で合図する。誰のためにこれを自分のものにしようとしているかわかってるのかなあ、と苦々しく思いながら、仕方なく本田翁に手渡した。

『獄記《ごくき》』を持つ本田翁の手は震えた。そして翁は、瀬名垣を（　Ⅰ　）見据えた。

「これがなんなのか、わかっているのか、太一」

②常に優しい老人が、これほど鋭く真剣な眼差《まなざ》しを瀬名垣に向けたのは初めてのことだった。

瀬名垣はなんと答えるべきか困った。だが結局、誇りも手伝って、

「うん」

と一言、はっきりとうなずいた。

本田翁は笑った。

「見事じゃ、太一。おまえは本当に頼もしい男だ。わしですらこうして震えがきているというのに、おまえはわかっていてなお動じもしない」

本田翁は『獄記』を瀬名垣の手に返した。瀬名垣はまさか戻してもらえるとは思っていなかったので、本田翁の深い皺《しわ》の刻まれた顔をまじまじと見つめた。本田翁はもう一度③嚙《か》みしめるように言った。

「見事じゃ」

瀬名垣の父親は、息子の手にある古びた本と敬愛する老人の顔とを忙しく見比べた。

「一体なんの話ですか、翁」

真志喜の父親も、本を束ねていた手を止めて歩み寄ってくる。

「どうなさったんです、お父さん」

「みんな、よく見ておきなさい。真志喜もおいで」

瀬名垣のまわりに、居合わせた人間が集まった。瀬名垣は、今までつないだままでいた真志喜の手を引き寄せる。本田翁のおごそかな声が響いた。

「これが幻の本。『獄記』だ」

④声にならない動揺が、二人の父親たちの間を走り抜けた。

「はあ、これが……」

（Ⅱ）瀬名垣の父親の口から間の抜けた感嘆の声が上がったとき、真志喜の父親は（Ⅲ）表に出ていった。

「あ、本田さん……」

瀬名垣の父親の呼び止める声も聞こえないようだ。本田翁は肩を落とした。

「放っておいてやってくだされ。瀬名垣さん、あんたもわかるでしょう。『無窮堂』は十二歳の男の子に、この世に一冊しかない※稀覯本《きこうぼん》を掘り出されたんじゃ」

瀬名垣の父親はとたんに、夢から覚めたかのように顔をこわばらせた。状況を察した真志喜が不安そうに、父親の出ていった硝子《ガラス》戸を見やる。

「この本を再び世に出す手伝いができたことは、とても名誉なことじゃ。だが……胸中察してください」

⑤本田翁の言葉に、瀬名垣の父親はガバッとその場に土下座した。

「倅《せがれ》が大変なことをしでかしまして。だがこいつは何もわかっていなかったんですよ。それで、本田さんが後で世に出そうと思っていた『獄記』を、なんの気なしに手に取った。そうにちがいありません。そうだろ、太一」

瀬名垣は黙っていた。そうではなかったからだ。瀬名垣は捨てる本に仕分けられていたものの中から、価値をわかった上で、一冊だけ欲しいと本田に言ったのだ。本田はそれをたしかに見て、そしてあっさりと許可した。瀬名垣は知っていたが、本田は知らなかった。瀬名垣は見抜いたが、本田は見抜けなかった。それが真実だ。瀬名垣は肯定も否定もせずに黙っていた。何を言おうと、もう元には戻らないのだとわかっていた。

瀬名垣は『無窮堂』から掘り出してしまったのだ。第一級の稀覯本を。

夕闇があたりを覆い尽くしても、真志喜の父親は戻ってこなかった。そのまま夜になり、朝が来ても、彼は戻らなかった。

『無窮堂』の二代目は、黄昏《たそがれ》の中に姿をくらました。

（三浦しをん「水底の魚」『月魚』所収　ＫＡＤＯＫＡＷＡより）

※　快哉…心から愉快だと思うこと。

※　稀覯本…めったに市場《しじょう》に出回らない、価値のある本。

問一　（　Ⅰ　）～（　Ⅲ　）に入る最も適切なことばを次のア～オの中からそれぞれ選び、記号で答えなさい。

ア　ついと　　イ　ひょうひょうと　　ウ　ひたと　　エ　ようやく　　オ　浮かれて

問二 ――①「目利きの評判をほしいままにする」について、本文中の意味として最も適切なものを次のア～エの中から選び、記号で答えなさい。

ア 良い本を見分けることに関しては誰もが認める実力者である。

イ 古書をあつかう業界においては誰一人逆らう者のない権力者である。

ウ 良い本でも悪い本でも評判になれば必ず目を通すことで有名である。

エ 一流と言われる古書店経営者の中でも常にうわさの的である。

問三 ――②「常に優しい老人が、これほど鋭く真剣な眼差しを瀬名垣に向けたのは初めてのことだった」とあるが、その理由として最も適切なものを次のア～エの中から選び、記号で答えなさい。

ア 大切に扱わなくてはいけない貴重な本であるのに、太一がわざと乱暴にかざしてみせたから。

イ 価値のある稀覯本をこっそりと自分のものにしようとした太一のたくらみに腹が立ったから。

ウ 重要な取引であるにも関わらず、自分ではなく二代目に許可を求めた太一を不快に感じたから。

エ 十二歳の太一が『獄記』の価値を理解したうえで欲しがったのかどうかを確かめたかったから。

問四 ――③「噛みしめるように言った」とあるが、ここでの本田翁の説明として最も適切なものを次のア～エの中から選び、記号で答えなさい。

ア 『獄記』の価値を見抜けなかった悔しさを押し殺している。

イ 『獄記』の価値を見抜いた太一の才能に感じ入っている。

ウ 『獄記』の価値を改めて見い出したことに感動している。

エ 『獄記』の価値を知らない真志喜の父に深く同情している。

問五 ———④「声にならない動揺が、二人の父親たちの間を走り抜けた」とあるが、ここに使われている表現技法を次のア〜エの中から一つ選び、記号で答えなさい。

ア 擬人法　イ 直喩法　ウ 隠喩法　エ 誇張法

問六 ———⑤「本田翁の言葉に、瀬名垣の父親はガバッとその場に土下座した」とあるが、父親はどのようなことに対して謝罪しようとしたのか。次の文の空欄に適切なことばを補って、説明文を完成させなさい。ただし、【 Ⅰ 】・【 Ⅱ 】とも二十五字程度で書くこと。

【 Ⅰ 】ことによって、【 Ⅱ 】という事実を明らかにしてしまったこと。

三　次の文章を読んで、あとの各問いに答えなさい。

ある人銭をうづむ時《お金を埋める時に》、かまへて《必ず》人の目には［A］に見えて、身が《私が》見る時ばかり［B］になれよといふを、内の者《家の者が》聞きゐて、そと《そっと》銭をほりてとりかへ、蛇を①いれておきたり。件《くだん》《例の》の亭主、後にほりてみれば、蛇あり。②「やれおれじや、見わすれたか」と、幾度《いくたび》も、③なのりつるこそ聞き事なれ。《名のったのは、なかなかの聞きこたえがある事であった。》

（『醒睡笑』より）

問一　＝＝＝「聞きゐて」を、すべてひらがなで現代仮名遣いに直しなさい。

問二　［A］・［B］に、「蛇」か「銭」のどちらかを入れなさい。

問三　――①「いれておきたり」の主語となる人物を、本文中より三字以内で抜き出しなさい。

問四　――②「やれおれじや、見わすれたか」以外に会話がもう一か所ある。その部分の最初と最後のそれぞれ三字を抜き出しなさい。

問五　――③「なのりつるこそ聞き事なれ」とあるが、この話の面白さとして最も適切なものを次のア～エの中から選び、記号で答えなさい。

ア　蛇にお金を守ってもらおうとする男のずる賢さ。
イ　蛇が恐ろしくてお金を取り戻せない男の臆病さ。
ウ　蛇を見て何度もお経を唱える男の信仰心の深さ。
エ　お金を奪われたことに気づかない男の間抜けさ。

6

1		2		3		4		5	

7

1					
2	②				
	③				
3	A		C		
4					
5	a		b		
	c				
6					
7	(1)		(2)		(3)
8					

受験番号

得　　点

（配点非公表）

(6)	
(7)	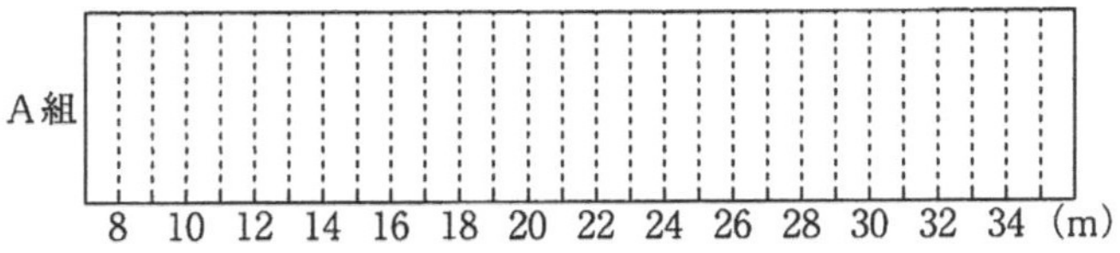
(8)	。

2

(1)	$a=$	
(2)	C (,)	
(3)		
(4)	直線BP	$y=$
	点P	P (,)

(5)	倍

5

(1)						
(2)	(ア)		(イ)		(ウ)	
	(エ)		(オ)		(カ)	
(3)	番目					
(4)	番目					

受験番号

得　　点

（配点非公表）

令和六年度　佐賀学園高等学校　特別進学コース　入学試験解答用紙

前期　国語

一

問一

問二

100　80

二

問一

㋐

しむ

㋑

㋒

㋓

㋔

問二

Ⅰ

Ⅱ

問三

ⓐ

ⓑ

問四

受験番号

得　点

（配点非公表）

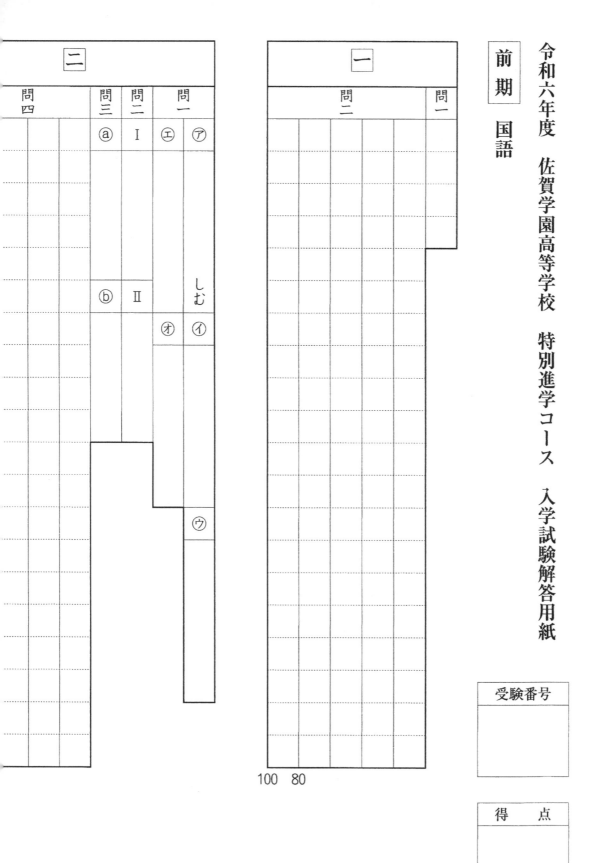

前期

令和６年度

佐 賀 学 園 高 等 学 校
普通科・情報処理科・商業科
入 学 試 験 問 題

数　　　　学

（50分）

（注　　意）

1．「始め」の合図があるまでは，開いてはいけません。

2．「始め」の合図があったら，まず，解答用紙に受験番号を書きなさい。

3．問題は全部で５題で，表紙を除いて６ページです。

4．答えはすべて解答用紙に書きなさい。

5．円周率はπとしなさい。また，$\sqrt{\ }$の中はできるだけ簡単な数にしなさい。

6．図はかならずしも正確ではありません。

7．分数は，これ以上約分できない形にしておきなさい。分母は$\sqrt{\ }$をふくまない形にしなさい。

8．分度器，計算機は使用してはいけません。

9．質問があったら，黙って手をあげなさい。

10．「やめ」の合図で鉛筆をおきなさい。

1 次の各問いに答えなさい。

(1) 次の計算をしなさい。

① $(-7)+13$

② $\dfrac{2}{15}-\dfrac{4}{5}$

③ $0.42\div3$

④ $-2(a-3b)+3(2a-b)$

⑤ $\dfrac{4}{\sqrt{2}}+\sqrt{10}\times\sqrt{5}$

⑥ $24x^2\times3x^5\div12x^3$

(2) $(a+7)^2$ を展開しなさい。

(3) $x^2+3x-10$ を因数分解しなさい。

(4) 二次方程式 $x^2+7x+8=0$ を解きなさい。

(5) y は x に比例し，$x=8$ のとき $y=16$ である。$x=-3$ のときの y の値を求めなさい。

(6) 右の図の角柱について，次の**ア**～**エ**の中から正しいものをすべて選び，記号で答えなさい。

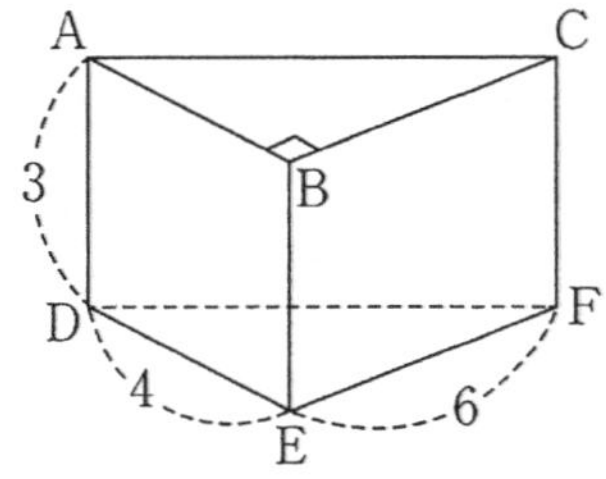

ア　この立体は四角柱である。
イ　辺 AB と CF はねじれの位置にある。
ウ　体積は 36 である。
エ　辺 AB と DE は垂直である。

(7) 右の図は，ある立体の展開図である。この展開図を組み立てたとき，点 F と重なる点を答えなさい。

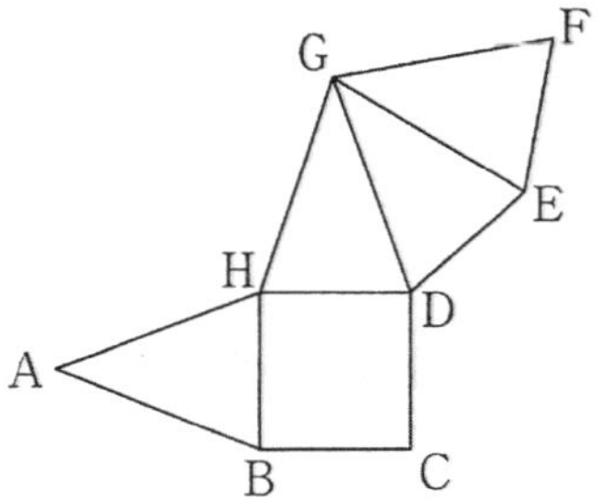

(8) 5 円，10 円の硬貨がそれぞれ 1 枚ずつある。この 2 枚の硬貨を同時に投げるとき，表が出た硬貨の金額の合計が 5 円以上になる確率を求めなさい。

2 佐賀県在住のかつひこさんは，叔父と祖母に佐賀県の特産品詰め合わせを送ろうと準備している。叔父は東北，祖母は近畿に住んでいるため，佐賀県内にある配送業者に依頼することにした。下の表は，佐賀県から送った場合の配送料一覧であり，荷物の重さと配達エリアによって荷物１個あたりの配送料が決められている。このとき，次の各問いに答えなさい。

	～２kg以下	～５kg	～10kg	～15kg	～20kg
北海道	1100	1250	1500	1950	2300
東北	1050	1200	1450	1900	2250
関東	1000	1150	1400	1850	2200
中部	950	1100	1350	1800	2150
近畿	900	1050	1300	1750	2100
中国・四国	850	1000	1250	1700	2050
九州	800	950	1200	1650	2000

（単位：円）

(1) 佐賀県から北海道へ15kgの荷物を１個送るとき，配送料はいくらか。

(2) 叔父に１kgの荷物と３kgの荷物をそれぞれ１個ずつ送るとき，配送料の合計はいくらか求めなさい。

(3) 祖母に１kgの荷物と６kgの荷物を合わせて５個送ったところ，配送料の合計が5300円であった。次の各問いに答えなさい。

① １kgの荷物をx個，６kgの荷物をy個として，連立方程式を次のようにつくった。下の［ア］，［イ］をうめなさい。

$$\begin{cases} x + y = \boxed{\text{ア}} \\ \boxed{\text{イ}} = 5300 \end{cases}$$

② １kgの荷物と６kgの荷物の個数をそれぞれ求めなさい。

3 右の図のように，関数 $y = x^2$ と $y = ax^2$ のグラフがあり，原点Oを通る直線 ℓ とそれぞれ点A，Bで交わっている。点Aの x 座標が -1 で，点A，Bから x 軸に下ろした垂線と x 軸との交点をそれぞれC，Dとするとき，次の各問いに答えなさい。ただし，点Bの x 座標は -1 より小さいものとする。

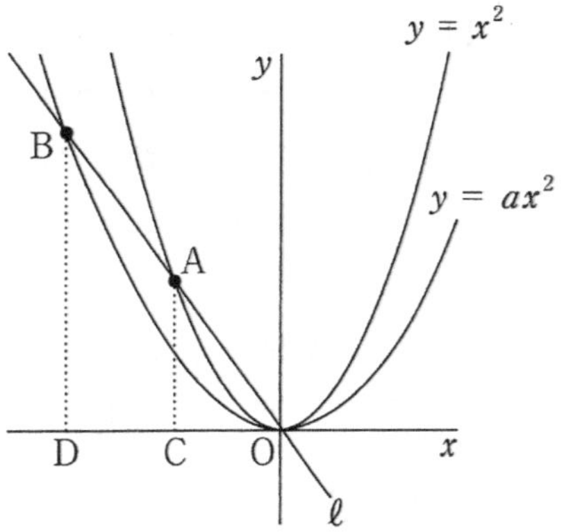

(1) 点Aの y 座標を求めなさい。

(2) 直線 ℓ の式を求めなさい。

(3) $y = ax^2$ について，OC：OD＝1：2のとき，次の各問いに答えなさい。

① a の値を求めなさい。

② x の変域が $-2 \leqq x \leqq 1$ のとき，y の変域を求めなさい。

(4) △BCDの面積が6のとき，点Bの座標を求めなさい。

4 右の図において，四角形 ABCD は正方形，△ABE は正三角形である。辺 AB と線分 ED の交点を F，点 E から AB に下した垂線と AB との交点を G とする。

AD = 2, EG = $\sqrt{3}$ のとき，次の各問いに答えなさい。

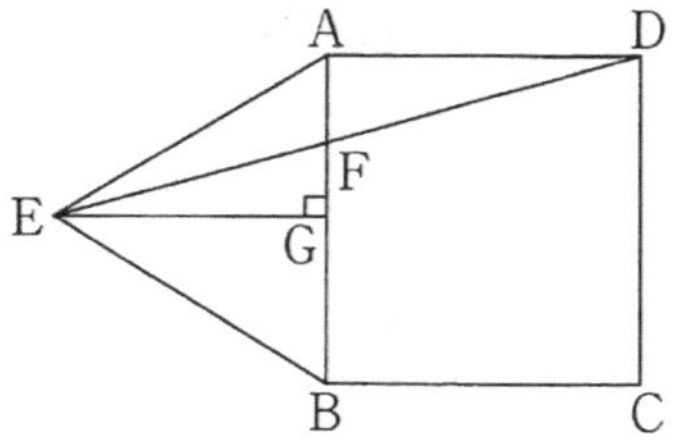

(1) △ADF と△GEF が相似であることを次のように証明した。

下の $\boxed{\text{ア}}$ ～ $\boxed{\text{オ}}$ に適する言葉や記号をかき，証明を完成させなさい。

【証明】

> △ADF と△GEF において
>
> 仮定より，四角形 ABCD は正方形であるから
>
>   ∠DAF = $\boxed{\text{ア}}$° …… ①
>
> AB ⊥ $\boxed{\text{イ}}$ であるから
>
>   ∠EGF = 90° …… ②
>
> ①，②より
>
>   ∠DAF = ∠EGF …… ③
>
>   AD ∥ EG …… ④
>
> ④より，平行線の $\boxed{\text{ウ}}$ 角は等しいから
>
>   ∠ADF = ∠ $\boxed{\text{エ}}$ …… ⑤
>
> ③，⑤より
>
> $\boxed{\text{オ}}$ 等しいから
>
> △ADF ∽ △GEF

(2) ∠BFD の大きさを求めなさい。

(3) △ADF，△AEF，△FEG の面積の大小関係について，次の**ア**～**エ**の中から正しいものを1つ選び，記号で答えなさい。

ア △ADF < △FEG < △AEF

イ △FEG < △AEF < △ADF

ウ △AEF < △FEG < △ADF

エ △ADF < △AEF < △FEG

5　1辺の長さが2 cmの正三角形がある。この三角形を，下の**図**のように互いの底辺が1 cmずつ重なるようにして，図形を順に作っていく。2番目の図形では頂点の個数が5個，周りの長さが9 cmである。このとき，次の各問いに答えなさい。

図

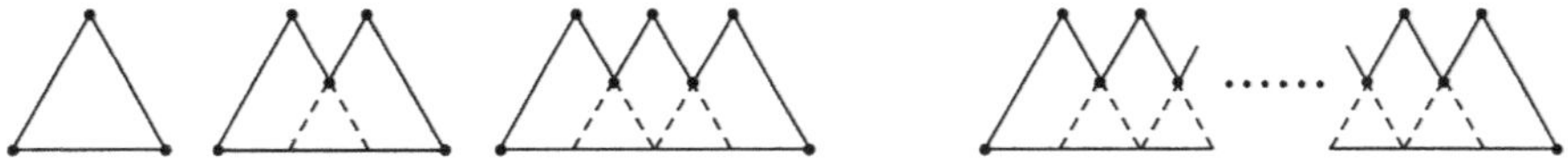

1番目　2番目　3番目　n番目

(1)　4番目の図形について，頂点の個数を求めなさい。

(2)　5番目の図形について，周りの長さを求めなさい。

(3)　n番目の図形について，頂点の個数をnを用いて表しなさい。

(4)　頂点の個数が29個のとき，周りの長さを求めなさい。

前期

令和6年度
佐賀学園高等学校
普通科（特別進学コース）
入学試験問題

英　　語

（50分）

（注　　意）

1．「始め」の合図があるまでは，開いてはいけません。

2．「始め」の合図があったら，まず，解答用紙に受験番号を書きなさい。

3．問題は全部で7問で，表紙を除いて10ページです。

4．最初に，1の「放送による聞き取りテスト」を行います。

5．答えはすべて解答用紙に書きなさい。

6．質問があったら，黙って手をあげなさい。

7．「やめ」の合図で鉛筆をおきなさい。

1 放送による聞き取りテスト

※音声と放送原稿非公表

問1 答えはそれぞれ**ア**～**ウ**の中から1つ選び，記号を書きなさい。

(1) (**ア**，**イ**，**ウ**)　　(2) (**ア**，**イ**，**ウ**)

問2 答えはそれぞれ**ア**～**エ**の中から1つ選び，記号を書きなさい。

(1)

ア

イ

ウ

エ

(2)

ア

イ

ウ

エ

問3 答えはそれぞれ**ア**～**エ**の中から1つ選び，記号を書きなさい。

(1)
ア Yes, she has.
イ No, he hasn't.
ウ Mike's father has.
エ Nicole's mother has.

(2)
ア Yes, he does.
イ No, he doesn't.
ウ Yes, she does.
エ No, she doesn't.

(3)
ア They will eat lunch at a restaurant.
イ They will make their lunch.
ウ They will buy their lunch at a convenience store.
エ They will eat pasta.

問4　答えはそれぞれ**ア**～**エ**の中から1つ選び，記号を書きなさい。

(1)
ア　Yes, she does.
イ　No, she doesn't.
ウ　Once.
エ　Never.

(2)
ア　On Friday.
イ　On Saturday.
ウ　On Sunday.
エ　On Monday.

(3)
ア　No, they're not.
イ　Yes, they are.
ウ　Nicole and Mike are.
エ　Mike is.

2　次の１～３の各問いに答えなさい。

1　次の(1)～(4)のA，Bの対話が成り立つように，文中の（　　）内に指示された文字で始まる英語１語を書きなさい。

(1)　A：(W　　　　) an exciting movie it was!　Did you think so?

　　B：Yes, I have never seen such a good movie.

(2)　A：How (a　　　　) having lunch together tomorrow?

　　B：Yes, sure.　I want to go to a new restaurant near our school.

(3)　A：I studied until late last night for today's English test.

　　B：Oh, you (m　　　　) be tired.

(4)　A：Hello, this is Yuki speaking.　May I speak to Emi?

　　B：Sorry, she's out now.　Do you want to (l　　　　) a message?

2　次の(1)～(5)の英文が成り立つように，（　　）に入る最も適切な語（句）をア～エの中からそれぞれ１つ選び，記号を書きなさい。

(1)　It (　　　　) since this morning.

　　ア　rains　　イ　is raining　　ウ　has been raining　　エ　rained

(2)　If I (　　　　) rich, I could buy a new car now.

　　ア　am　　イ　were　　ウ　has been　　エ　had been

(3)　I bought some books (　　　　) by Dazai Osamu.

　　ア　write　　イ　wrote　　ウ　writing　　エ　written

(4)　I am (　　　　) of running in the park when I have time.

　　ア　good　　イ　afraid　　ウ　fond　　エ　proud

(5)　My mother told me (　　　　) her make dinner.

　　ア　to help　　イ　help　　ウ　helping　　エ　helped

3　次の(1), (2)の＜状況＞において，**ア**～**エ**の英文が２人の対話として成り立つように解答欄の左から順に，記号を並べなさい。

(1)　＜状況＞　年末に友人と会って，話しています。

ア　Yes, I want to study Korean.

イ　It's going to be a new year soon! Do you have anything new you want to do?

ウ　I'll go to language school and I want to go to university in Korea in the future.

エ　That sounds good. How are you going to do to study it?

(2)　＜状況＞　昨日見たニュースについて話しています。

ア　Oh, I want to go to the event and listen to his new songs.

イ　Really? I like some of his songs. Why will he come to Japan?

ウ　I heard an American popular singer, John Miller will come to Japan next month.

エ　Because he just released a new album and will hold special events here.

3

次の１～５の日本文に合うように，［　　］内の語（句）を並べかえて英文を完成させなさい。

1　エミリーは京都を訪れる時間がありませんでした。

Emily ［ visit / no / Kyoto / had / to / time ］.

2　こんな美しい景色を見たのは初めてです。

I ［ seen / beautiful / such / have / a / never ］ scenery.

3　学校までバスでどのくらいかかるか知っていますか。

Do you know ［ takes / go / long / it / to / how ］ to school by bus?

4　屋根が緑色の家は私の叔父のものです。

The house ［ is / a / has / roof / green / which ］ my uncle's.

5　私は姉ほど多くの本を持っていません。

I don't ［ many / have / my sister / books / as / as ］ has.

4　次の１～４の各組の英文がほぼ同じ意味になるように，（　①　），（　②　）にそれぞれ適切な英語１語を書きなさい。

1　Yuki speaks French the best in this class.
　Yuki speaks French (　　①　　) (　　②　　) anyone else in this class.

2　If you hurry up, you will catch the last train.
　(　　①　　) up, (　　②　　) you will miss the last train.

3　Ms. Smith was happy to receive the present from Ken.
　The present from Ken (　　①　　) Ms. Smith (　　②　　).

4　This question was so difficult that we couldn't solve it.
　This question was (　　①　　) difficult for us (　　②　　) solve.

5　次の２つのメール文は，日本でホームステイをするために来月アメリカからやってくる友人のスティーブ（Steve）からのメール文とスティーブへの返信メール文です。返信するメール文を自由に考えて，［　　］内に適する英文を１５語以上で書きなさい。ただし，２文以上になってもかまいません。

E-mail from Steve

> Hi, how are you doing?
> Thank you for being my host family. I'm so excited to go to Japan next month.
> I've been studying a lot about Japanese manners.
> Are there any rules I have to know during my stay in your house?
>
> Steve

E-mail to Steve

> Hi, Steve. I'm looking forward to seeing you soon.
> There are two rules you need to know.
> [　　　　　　　　　　　　　　　　　　　　　　　　]

6 あなたは学校の掲示板で市が主催する職業体験「Career Day Program」の広告（flyer）を見つけました。次の広告の文を読んで，あとの問いに答えなさい。

Learn about Work

Have you decided what you will become in the future? There are many kinds of jobs. But many students don't know what people *actually do at work. It is important for junior high school students to learn and experience different kinds of jobs. So, we are going to hold Career Day Program for students. You can choose work place from these three *options.

Fruits shop

This shop has been selling fruits at *Mangetsu* shopping street for 50 years. They sell many kinds of fruits and some of the fruits are *rare. They sometimes go abroad to meet farmers and look for rare fruits. They also make some dishes made from fruits. You can work at the shop from 9:00 am to 5:00 pm. Your work will be putting and *restocking fruits on *shelves. You can also make some dishes with workers at the shop. Lastly, you will *serve customers. You need to wear pants and sports shoes when you work.

Radio studio

There are two radio *channels for our city. On channel 101, they give local news and sports news. On channel 102, they give *citizens information about shopping, food and events held in our city. People can also request their favorite songs. To give useful information, they interview various people in our city. You can work at the radio studio from 10:00 am to 5:00 pm. You can practice reading script and speaking on the radio in the morning. In the afternoon, you will go to a shopping street, interview some people, make script and read it aloud. You need to bring your own pen and notebook.

Pottery

This *pottery has a history of over 200 years. Many locally famous *potters work in this pottery. More and more young people are interested in pottery. Some of them started to learn how to make pottery. This pottery makes not only traditional pottery and *ceramics but also new style of them. They sell their *products all over the world. You can work at their pottery from 8:00 am to 3:00 pm. At first, you have to learn about the history of pottery and ceramics. After that, some potters will show you how to make pottery. You can make and design your own original pottery. You can also take home some of your pottery.

For other information, contact Fun Students at FUNStudents@email.com or call 655-2332.

(注) *actually 実際に　*options 選択肢　*rare 珍しい　*restock ～を補充する
*shelves 棚　*serve ～に応対する　*channels チャンネル
*citizens 市民　*pottery 窯元，陶器　*potters 陶器職人
*ceramics 陶磁器　*products 商品

次の１～５の質問の答えとして，最も適切なものを**ア**～**エ**の中からそれぞれ１つ選び，記号を書きなさい。

1　Why is Career Day Program given to students?

ア Many stores in this city need many workers.
イ Students should learn what people actually do at work.
ウ Teachers cannot teach what people do in their job places.
エ Students have to work soon after they graduate from junior high school.

2　What do students have to do at the fruits shop?

ア They have to go to farmers and buy fruits which they can sell.
イ They have to learn how to grow fruits and help farmers.
ウ They have to look for rare fruits and buy them by themselves.
エ They have to make some food made from fruits.

3　How do the workers at the radio studio give useful information?

ア They visit some places and talk with people in their city.
イ They go to a shopping street and buy products.
ウ They ask people to listen to their favorite songs.
エ They ask people to go to some places in their city.

4　What can students do at the pottery?

ア They can sell pottery which they make.
イ They can learn how to make pottery.
ウ They can explain the history of pottery to visitors.
エ They can work at the pottery after graduation.

5　What do all the three workplaces explain to you in this flyer?

ア They tell you what they do in their jobs.
イ They tell you where each workplace is.
ウ They tell you that they sell their products to overseas.
エ They tell you why they started their business.

7 次の英文は，観光についての記事（Article）と，その記事を読んだ３人の読者が投稿したコメント（Comments）です。英文を読んで，あとの問いに答えなさい。

What are the benefits and the problems of many people coming to Japan?

Every year, the number of people who come to Japan is increasing. Why do so many people want to visit Japan? Here are some of the reasons.

First, ①<u>it is [people from / to / easier / Asian countries / get / for] *visas than before</u>. So, more and more Asians are coming to Japan. Second, there are *budget airlines and many people began to use them. Since it doesn't cost too much money, many people come to Japan. Third, many people have become interested in Japan, because there are many World Heritage Sites in Japan. Also, thanks to pictures people *post on social media, many people around the world can easily get information about Japan. ②<u>People who visit Japan post pictures on social media and these posts make people interested in Japan</u>.

What are the *benefits of a lot of people coming from other countries? Most visitors spend money shopping, foods and so on in Japan. This is one of the reasons which help Japan's *economy grow. ③<u>They visit not only big cities such as Tokyo but also small cities</u>. Thanks to this, small cities can give more job opportunities to their people. People from other countries can experience Japanese culture and understand differences between their countries and Japan. Japanese people also have a chance [A] English and understand other cultures and their way of thinking.

However, some tourist sites are worried [B] "*overtourism". Overtourism *occurs when there are too many visitors in a *particular place. When land prices rise suddenly and local people have to move to another place, that is overtourism. When roads become *jammed with tourist cars or *public transportation is *crowded with tourists, that is also overtourism. When tourists cannot see the landmarks because there are too many people, when environments are destroyed and when you can see a lot of trashes on the road, these are some signs of overtourism.

④<u>Local governments have started to take actions to solve this</u>. They *advertise spots which are not known to many people. By doing that, they want to stop too many people from going to a particular place. Another solution is making *signboards and pamphlets in different languages to understand rules and manners. This gives tourists *awareness about the life of local people.

Comments

●James

Some cities in the world are suffering from overtourism. In Barcelona, housing prices increase and the traffic is so heavy because too many people visit these cities. The city decided to put *restrictions on building hotels and tried to reduce the number of tourists.

In Amsterdam, a lot of noise and *crimes made by visitors are big problems. The city decided to introduce tourist tax when they go to the city.

●Sakura

In Japan, some cities are trying to solve these problems. In Kyoto, the city decided to stop [C] one-day bus tickets because city buses are crowded with many tourists. People living in Kyoto cannot use the buses because of ⑤the problem.

●Yui

Taketomi town is working on *sustainable tourism. Iriomote island, a part of Taketomi town, is a World Heritage Site. The number of tourists is increasing. It effects lives and environment in the island. So, Iriomote island is divided into three zones and tourists cannot enter some areas. Takeshima island also started to ask visitors to pay tax to protect the environment.

(注) *visas ビザ *budget airlines 格安航空会社 *post ～を投稿する
*benefits 利点 *economy 経済 *overtourism オーバーツーリズム
*occurs 起こる *particular place 特定の場所 *jammed 混み合った
*public transportation 公共交通機関 *crowded 混雑した
*advertise ～を宣伝する *signboards 看板 *awareness 意識
*restrictions 制限 *crimes 犯罪 *sustainable 持続可能な

1 下線部①の [ ] 内の語（句）を意味が通るように並べかえなさい。解答欄には [ ] 内の語句のみを書きなさい。

2 下線部②，③を日本語に直しなさい。

3 [A]，[C] に入る最も適切なものを**ア**～**エ**の中からそれぞれ１つずつ選び，記号を書きなさい。

[A] **ア** spoke **イ** speaking **ウ** spoken **エ** to speak
[C] **ア** sell **イ** sold **ウ** selling **エ** to sell

4 [B] に入る最も適切な前置詞を書きなさい。

5　次の日本文は下線部④の内容をまとめたものです。[　a　]～[　c　]に適する日本語を入れて文を完成させなさい。

地方自治体は，[　　　a　　　]場所を宣伝し，あまりに多くの人がある特定の場所に[　　b　　]ようにしている。また[　　　c　　　]ために，様々な言語で看板やパンフレットを作っている。

6　下線部⑤が指す内容を日本語で説明しなさい。

7　次の英文が本文の内容に合うように，(　　)に入る適切な英語を，それぞれ**ア**～**エ**の中から選び，記号を書きなさい。

(1) More people are coming to Japan because (　　　　).

ア　it is difficult to get visa to Japan
イ　they don't need to pay much money for planes
ウ　they don't know about Japan
エ　they can't get any information on the Internet

(2) A benefit of a lot of people coming from other countries is (　　　　).

ア　that spending much money can make Japanese economy better
イ　that many foreign people can work at local companies
ウ　that many Japanese people understand problems which local cities have
エ　that foreign people can't experience Japanese culture

(3) There is a comment which says that (　　　　).

ア　foreign countries don't have problem about overtourism
イ　Kyoto has the solution about overtuorism
ウ　an island which has problem about tourists isn't a World Heritage Site
エ　we should reduce the number of people coming to Japan

8　本文の内容に合っているものを，次の**ア**～**オ**の中から２つ選び，記号を書きなさい。

ア　People don't have to come to Japan because there is a lot of information on social media.
イ　Japanese people in local cities can get jobs when many tourists visit them.
ウ　The landmarks are damaged when the number of tourists decreases.
エ　A city asks people to pay money when they throw their trash away.
オ　An island gets money from visitors to make the environment better.

令和6年度
佐賀学園高等学校　普通科（特別進学コース）　入学試験英語解答用紙

1

問1	(1)	
	(2)	

問2	(1)	
	(2)	

問3	(1)	
	(2)	
	(3)	

問4	(1)	
	(2)	
	(3)	

2

1	(1)		(2)		(3)		(4)			
2	(1)		(2)		(3)		(4)		(5)	
3	(1)	→ → →	(2)	→ → →						

3

1	Emily [ ].
2	I [ ] scenery.
3	Do you know [ ] to school by bus?
4	The house [ ] my uncle's.
5	I don't [ ] has.

4

1	①		②		2	①		②	
3	①		②		4	①		②	

【解答

令和６年度
特別進学コース　入学試験数学解答用紙

1

(1)	①	
	②	
	③	
	④	
(2)		
(3)	$x=$	
(4)		

3

(1)	
(2)	
(3)	トラックA　　　　個
	トラックB　　　　個

4

(1)		
(2)	(ア)	∠　　　＝∠
	(イ)	∠　　　＝∠
(3)		。

【解答

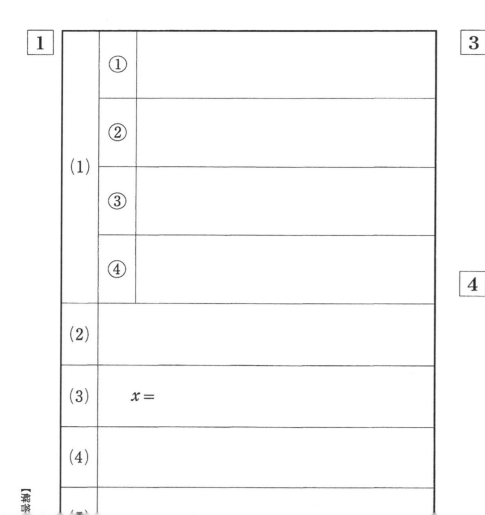

三

問一 ㋐ ㋑ ㋒ ㋓ ㋔

問二 A B

問三

問四

問五

60

問六

10

四

問一

問二

問三

問四

問五

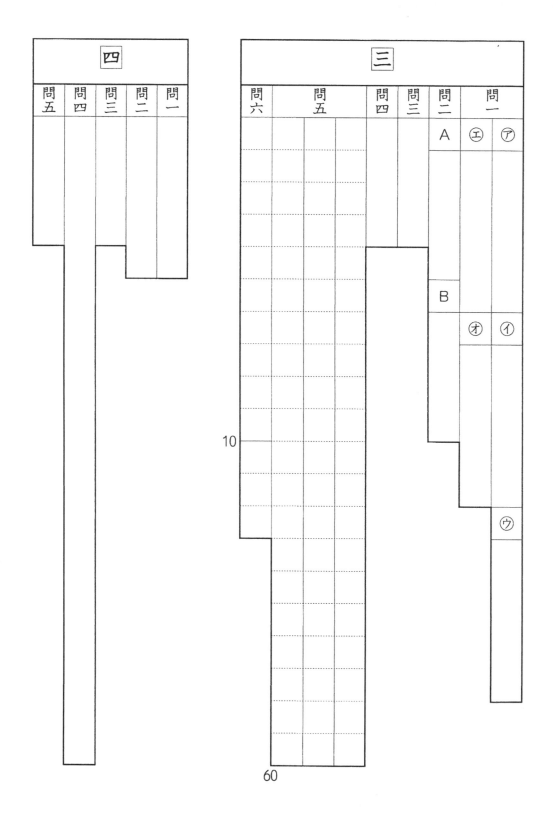

前期

令和６年度
佐賀学園高等学校
普通科・情報処理科・商業科
入学試験問題

英語

(50分)

(注　意)

1.「始め」の合図があるまでは，開いてはいけません。

2.「始め」の合図があったら，まず，解答用紙に受験番号を書きなさい。

3. 問題は全部で７問で，表紙を除いて８ページです。

4. 最初に，1 の「放送による聞き取りテスト」を行います。

5. 答えはすべて解答用紙に書きなさい。

6. 質問があったら，黙って手をあげなさい。

7.「やめ」の合図で鉛筆をおきなさい。

1 放送による聞き取りテスト

※音声と放送原稿非公表

問1　答えはそれぞれ**ア**～**ウ**の中から1つ選び，記号を書きなさい。

(1)　(**ア**，**イ**，**ウ**)　　(2)　(**ア**，**イ**，**ウ**)

問2　答えはそれぞれ**ア**～**エ**の中から1つ選び，記号を書きなさい。

(1)

ア

イ

ウ

エ

(2)

ア

イ

ウ

エ

問3　答えはそれぞれ**ア**～**エ**の中から1つ選び，記号を書きなさい。

(1)　**ア**　Yes, she has.
　　イ　No, he hasn't.
　　ウ　Mike's father has.
　　エ　Nicole's mother has.

(2)　**ア**　Yes, he does.
　　イ　No, he doesn't.
　　ウ　Yes, she does.
　　エ　No, she doesn't.

(3)　**ア**　They will eat lunch at a restaurant.
　　イ　They will make their lunch.
　　ウ　They will buy their lunch at a convenience store.
　　エ　They will eat pasta.

問4　答えはそれぞれ**ア**～**エ**の中から1つ選び，記号を書きなさい。

(1)　**ア**　Yes, she does.
　　イ　No, she doesn't.
　　ウ　Once.
　　エ　Never.

(2)　**ア**　On Friday.
　　イ　On Saturday.
　　ウ　On Sunday.
　　エ　On Monday.

(3)　**ア**　No, they're not.
　　イ　Yes, they are.
　　ウ　Nicole and Mike are.
　　エ　Mike is.

2 次の１～５のＡ，Ｂの対話が成り立つように，(　　　) 内のア～エの中から最も適切な語（句）をそれぞれ１つ選び，記号を書きなさい。

1　A：Shall I open the window? It is so hot inside.
　B：Yes, (ア let's　イ I will　ウ please　エ must).

2　A：Happy birthday, Mike. This is a small present (ア at　イ with　ウ for　エ by) you.
　B：Oh, thank you. I've wanted this for a long time.

3　A：I (ア take　イ make　ウ have　エ bring) a fever now. So, I won't go to school today.
　B：Oh, that's too bad. You should see a doctor at once.

4　A：I wonder what dream he has for the future.
　B：(ア Taking　イ Taken　ウ Took　エ Takes) part in the Olympic Games is his dream.

5　A：Excuse me, I'd like to go to Kyoto. (ア What time　イ How many　ウ Where　エ How far) will the train leave for Kyoto?
　B：It will leave at five fifteen.

3 次の１～５のＡ，Ｂの対話が成り立つように，(　　　) 内に指示された文字で始まる英語１語を書きなさい。

1　A：Why did you go to America this summer?
　B：(T　　　) study English. I want to speak English well.

2　A：Please pass me the sugar.
　B：OK. (H　　　) you are.

3　A：How often have you been to Tokyo?
　B：I have been there three (t　　　).

4　A：Which do you like better, playing tennis or reading books?
　B：(L　　　) me see, I like reading books better.

5　A：Oh, it's (g　　　) dark. We must say goodbye.
　B：Well, then, see you tomorrow.

4　次の１～３の日本文に合うように，［　　　］内の語を並べかえなさい。

1　インドではいくつの言語が話されていますか。
How [are / languages / spoken / many] in India?

2　５つ目の駅で電車を乗り換えてください。
Please [at / change / station / fifth / the / trains].

3　私の娘はフランス語で書かれた歌を歌うことができる。
My daughter [sing / able / songs / is / written / to] in French.

5　佐賀県在住の中学２年生の直人（Naoto）は，夏休みを利用して，３年前にホームステイでお世話になったロサンゼルス在住のボブ(Bob)の家を再び訪れる計画を立てています。次の英文は，テレビ電話を利用して，直人がボブにその旅程に関して助言を求めているシーンです。会話を参考にして，（　1　）～（　3　）に入る英語を解答欄に書きなさい。ただし，以下の条件を満たすこと。

＜条　件＞
・（　1　），（　2　）には最も適切な英語（１語）を入れること。
・（　3　）には，３語以上の英語を入れること。

Naoto : How are you?
Bob : I'm good. How about you?
Naoto : I'm good, too. Today, I want you to give me some advice about (　1　) to go to Los Angeles. I have two ideas : First, I take the *direct flight to Los Angeles. (　2　), I go to Los Angeles *via Korea. I wonder which is better for me.
Bob : Well, it's difficult to decide but I think the *latter is better because (　3　).
Naoto : OK. I'll do that. Thank you for your advice. I'm looking forward to seeing you.

（注）*direct flight　直行便　　*via　～を経由して　　*latter　後者

6 佐賀市内の中学校に通う15歳の春樹（Haruki）は，夏休みを利用してハワイ（Hawaii）のオアフ島に旅行に来ています。

次の英文は，春樹がハワイでの生活について，中学校のALTのマイク（Mike）先生に，手紙で報告している場面です。

英文を読んで，あとの各問いに答えなさい。

ハワイ（オアフ島）

August 11th, 2023

Dear Mr. Mike,

How are you? It has been almost three weeks since I came to Hawaii. Hawaii has a lot of beautiful islands covered with a lot of *greenery and is *surrounded by the sea. People living here are always kind to me. So, I like Hawaii very much. I have discovered many things about Hawaii. I'm enjoying my summer vacation here very much.

The most interesting discovery for me is the word "Aloha". It has a lot of meanings. Before coming to Hawaii, I knew it means "Hello." But it sometimes means "Good-bye", "Thank you", or "I love you." I am surprised that the word "Aloha" has many meanings.

The second discovery is that we can try many sports in Hawaii. As for me, I have tried swimming, *surfing, hiking, and running since I came here. Now, I'm most interested in surfing. <u>It is [　　　　　]</u>, so I enjoy surfing in the sea every day. One of my dreams is to become a professional surfer in the future. Even after going back to Japan, I will continue to practice surfing in the beautiful sea of Karatsu.

By the way, three days ago, I heard that a big *forest fire happened in the nearby island which is about 300 kilometers away from *where I am. I'm worried that a lot of beautiful greenery will be lost. I hope it will *be put out soon.

Well, that's all for now and I will write to you again soon! I will send you some pictures of Hawaii next time. Please say hello to the other English teachers for me.

I'm looking forward to seeing you again in Japan.

Sincerely Yours,

Haruki

（注） *greenery　緑　　*surrounded by　～で囲まれている　　*surfing　サーフィン
*forest fire　山火事　　*where I am　私がいる所　　*be put out　消える

令和六年度　佐賀学園高等学校
普通科・情報処理科・商業科　入学試験解答用紙
前期　国語

一

問一
㋐
㋑
㋒
㋓
㋔　る

問二

問三
30

問四

問五
A
B

問六

受験番号

得　点

（配点非公表）

(6)	
(7)	
(8)	

2

(1)			円
(2)			円
(3)	①	ア	
		イ	
	②	1 kg	個
		6 kg	個

	オ	
(2)	∠BFD＝　　°	
(3)		

5

(1)	個
(2)	cm
(3)	
(4)	cm

受験番号

得　点

（配点非公表）

1	
2	
3	

7

1		
2		
3		
4		
5		
6		
7		

受験番号

得　　点

（配点非公表）

令和6年度
普通科・情報処理科・商業科　入学試験英語解答用紙

1

問1	(1)	
	(2)	

問2	(1)	
	(2)	

問3	(1)	
	(2)	
	(3)	

問4	(1)	
	(2)	
	(3)	

2

1		2		3		4		5	

3

1		2		3		4		5	

4

1	How [　　　　　　　　] in India?
2	Please [　　　　　　　　].
3	My daughter [　　　　　　　　] in French.

5

1		2	
3			

【解答用

令和6年度

普通科・情報処理科・商業科　入学試験数学解答用紙

1

(1)	①	
	②	
	③	
	④	
	⑤	
	⑥	
(2)		
(3)		
(4)		$x =$

3

(1)		
(2)		$y =$
(3)	①	$a =$
	②	$\leqq y \leqq$
(4)		B（　　　　，　　　　）

4

(1)	ア	
	イ	
	ウ	

【解答用

二

問（cut off）
問三
問四
問五
問六

Ⅰ 25

Ⅱ 25

三

問一
問二 A B
問三
問四 最初 最後
問五

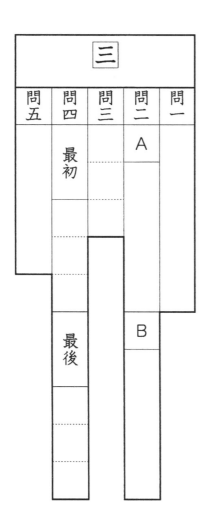

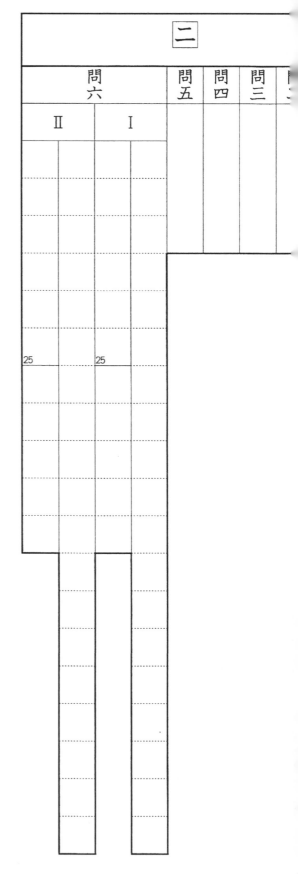

1　春樹は「ハワイで様々なスポーツに挑戦した」と手紙では書いているが，挑戦しなかったスポーツを表す絵を次の**ア**～**エ**の中から１つ選び，記号を書きなさい。

ア

イ

ウ

エ

2　下線部の意味が「それはとても楽しい」という意味になるように，[　　　　] 内に適切な英語４語を入れて英文を完成させなさい。

3　本文の内容に合っているものを，**ア**～**エ**の中から１つ選び，記号を書きなさい。

ア　Haruki was living in Japan one month ago.
イ　Haruki is a professional surfer now.
ウ　Haruki likes Karatsu better than Hawaii.
エ　A big forest fire happened in Hawaii in July.

7 佐賀市内の中学校に通う15歳の蒼汰（Sota）は，７歳の時に水泳を習い始めました。現在はバタフライ（butterfly）の選手で，毎日３時間の練習を続けています。

２学期に入り，蒼汰は英語の時間に「夏休みの思い出について」というテーマで，スピーチを行うことになりました。

次の英文は実際に蒼汰が行ったスピーチの原稿です。英文を読んで，あとの各問いに答えなさい。

＜2023年世界水泳（福岡）＞

Hi, everyone. Today, I will talk about the most *memorable experience that I had this summer. But, before that, I would like to talk about myself.

I began to practice swimming when I was seven years old, so I have been a [①] for eight years. I like it very much. So, I practice it for three hours every day. I *specialize in butterfly now. ②<u>It</u> has been very difficult for me but I always did my best with the *goal of becoming a swimmer like *Rikako Ikee. She was the best in butterfly swimming then.

But something [③] happened to all the swimmers in Japan. In February, 2019, she had *leukemia. The *treatment for it was too hard for her. But she did not give up her hope. When she had a hard time, she always said to herself, "I'm OK. I will get well soon."

[④] ten months in the hospital, she came back to the swimming pool. But she lost more than 10 kilograms while she was in the hospital. As a result, she had no power at all when she began swimming again. But she always said to herself, "I will keep swimming and do my best because I still have a lot of things to show."

This summer, *the World Aquatics Championships were ⑤[hold] in Fukuoka. Rikako Ikee came back there as a member of the team. So, I went to Fukuoka to support her. She took part in the *50 meters of butterfly finals and won the seventh place. She really came back to the world! I will never forget the moment.

In the interview after the finals, she said with a big smile. "I met a lot of people in Fukuoka. They often told me that the result is not all. ⑥<u>I was really glad to meet such people</u>. So, I think they could enjoy a lot during this *race."

I hope her smile will continue to give hope to a lot of people all over the world. This is the most memorable experience that I had this summer. Thank you.

（注） *memorable 思い出に残る　*specialize in 〜を専門にする　*goal 目標
*Rikako Ikee 池江璃花子（水泳選手）　*leukemia 白血病（病名）
*treatment 治療　*the World Aquatics Championships 世界水泳選手権
*50 meters of butterfly finals 50メートルバタフライ決勝　*race レース

1　［　①　］に入る適切な語を本文中から１語抜き出しなさい。

2　下線部②のItが指す内容を日本語で説明しなさい。

3　［　③　］に入る適切な英語を下の**ア**～**ウ**の中から１つ選び，記号を書きなさい。

ア　happy
イ　sad
ウ　beautiful

4　［　④　］に入る適切な英語を下の**ア**～**ウ**の中から１つ選び，記号を書きなさい。

ア　For
イ　Before
ウ　After

5　⑤の［　　］内の語を適切な形に変えなさい。

6　下線部⑥の英語を日本語に直しなさい。

7　次の**ア**～**オ**の中から，本文の内容に合っているものを２つ選び，記号を書きなさい。

ア　Sota was not interested in swimming when he was an elementary school student.
イ　Even in the hospital, Rikako continued to have hope for the future.
ウ　All the swimmers in the world came to Fukuoka this summer.
エ　Rikako was able to become the fastest butterfly swimmer in the world in Fukuoka in 2023.
オ　Rikako was happy with the result of her 50 meters of butterfly finals.

令和五年度

佐賀学園高等学校

特別進学コース　入学試験問題

国語

(50分)

前期

(注意)

一、「始め」の合図があるまでは、開いてはいけません。

二、「始め」の合図があったら、まず、解答用紙に受験番号を書きなさい。

三、問題は全部で四題で、表紙を除いて十三ページです。

四、答えはすべて解答用紙に書きなさい。

五、特別に指示のある場合を除き、句読点は一字として数えます。

六、質問があったら、黙って手をあげなさい。

七、「やめ」の合図で鉛筆をおきなさい。

一　次の文章を読んで、あとの各問いに答えなさい。

気候変動と並び世界を揺るがしているのが、海洋①プラスチック問題だ。プラスチックは軽くて安く、丈夫で便利なので、この数十年間で生活のあらゆる面に根付いてきた。しかし、あまりに大量につくられたことで社会問題になっている。分解されず海に漂うプラスチックごみを、海洋生物や海鳥が誤飲したり、絡まるなどの悪影響が多数報告されている。

また、紫外線などで細かくなったマイクロプラスチックは、食物連鎖を通して人体にも取り込まれる。すでに世界中の人々が、毎週クレジットカード1枚分にあたる5グラムのマイクロプラスチックを摂取しているという試算もある。

プラスチックに添加されているさまざまな有害化学物質が人体に蓄積されることで、健康に影響を与える※懸念もある。海洋に流れ込んだプラスチックごみの量は今後20年で10倍となり、このままでは２０５０年には海にいる魚の重量を超えるという報告もある。こうした事態を前に、各国は新しい規制に乗り出している。

日本の動きはどうか。※国連などによれば、日本のプラスチック包装ごみの一人当たりの発生量は、米国に次いで2番目に多い。ペットボトルの生産量は年間約２３０億本で、年々増加傾向にある。日本では分別回収のしくみが整備されているため、回収率は90%以上に上っている。しかし母数が大きいため、未回収のペットボトルだけでも膨大な量になる。

また、回収したプラスチックの70%前後は「サーマルリサイクル」として焼却処分されている。サーマル（熱）リサイクルとは、物質をリサイクルするのではなく、焼却時に発生する熱を熱源や電力として再利用することをさす和製英語だ。

ところが、この方法では解決につながらないばかりでなく、別の問題を深刻化させる。まず、リサイクルという言葉の定義は、同じ形で何度も使えることを意味するはずだが、プラスチックはいったん燃やすと事実上元に戻せないため、焼却は国際的にはリサイクルとはみなされない。

２０１８年に行われた※G7サミットでは、使い捨てされるプラスチックの削減が第一とした「海洋プラスチック※憲章」が採択された。この憲章の採択後から、欧米では飲食系の大手企業によるプラスチック製ストローの使用などを見直す決定が相次いだ。削減できない分も、焼却処分ではなく、まずは同じ形のまま再利用することが推奨されている。

しかし日本はこの海洋プラスチック憲章に署名しておらず、政府と経団連は、いままで通りプラスチックを大量に生産しても、回収率を上げて焼却すればいいという立場をとっている。だが問題は海への流入だけではない。プラスチックの原料のほとんどは石油なので、焼却処分はCO_2を排出し気候変動を悪化させる。2章でふれたトレードオフ※の関係だ。ＳＤＧｓの観点からすれば、焼却は総合的な解決策にはならない。

（高橋真樹『日本のＳＤＧｓ』より）

※懸念…気になり不安になること。

※国連…国際平和と安全の維持を主な目的とする、普遍的な平和機構。

※Ｇ７…先進国首脳会議のこと。日本、アメリカ、イギリス、ドイツ、フランス、イタリア、カナダで構成される。

※憲章…おきてとして定めること。

※トレードオフ…何かを得ると別の何かを失う、相容れない関係のこと。

［表Ⅰ］

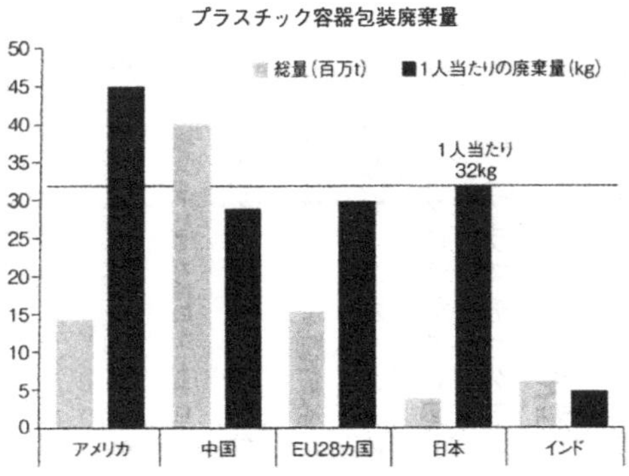

（出典）UNEP. "Single-use Plastics: A Roadmap for Sustainability" 2018.

問一 ――①「プラスチック」の問題点として筆者が挙げているものを、次の A ～ D にあてはまるように本文中から抜き出しなさい。

軽くて安く丈夫で便利なプラスチックはこの数十年間で生活のあらゆる面に根付いており、大量生産と A によって社会問題になってきた。中でも海洋プラスチックの問題は深刻である。海洋に流れ込んだプラスチックごみの量は今後20年間で10倍となり、このままでは２０５０年には海にいる B の重量を超えるという報告もある。
また、紫外線などで劣化して細かく砕けて５ミリ以下になった C は海の生態系に影響を及ぼすだけでなく、 D を通して人体にも取り込まれ健康に影響を与える懸念がある。

問二 [表Ⅰ]から読み取れる内容を書いた一文を本文中から抜き出し、最初と最後の五文字を答えなさい。（句読点は含まない）

問三 プラスチックだけでなく、さまざまなものでリサイクルすることが推奨されていますが、あなたはどのようなリサイクルを知っていますか。またリサイクルすることが私たちの生活にどのようにつながってくるのか具体的に１００字以内で述べなさい。

〔注意事項〕

1 二段落構成にすること。
2 原稿用紙の使い方に従って書くこと。ただし、題や名前は書かずに、一行目から本文を書くこと。
3 字数は八十一字以上書くこと。

二　次の文章を読んで、あとの各問いに答えなさい。

子どもの頃、「道草をしてはいけません」とよく言われたものである。学校から家に帰るまで道草をせずに、まっすぐに帰るようにと言われる。しかし、子どもにとって道草ほど面白いものはなかった。落葉のきれいなのを見つけると拾って友人と比べっこをしたり、蟻《あり》の巣を見つけて、そのあたりで働く蟻の様子を見てみたり。それに何よりも興味があったのは「近道」である。大人の目から見ると、それは※迂路《うろ》であり道草にすぎないのだが、何とか「近道」を見つけて、どこかの家の裏庭にはいりこんだり、時には畠《はたけ》を踏みつけたと怒られて逃げまわったり、まったくスリル満点の面白さであった。

今から考えてみると、このような道草によってこそ、子どもは通学路の味をⓐ満喫していた、と思えるのである。道草をせず、まっすぐに家へ帰った子は、勉強をしたり仕事をしたり、マジメに時間をすごしたろうし、それはそれで立派なことであろうが、道の味を知ることはなかったと言うべきであろう。

ある立派な経営者で趣味も広いし、人情味もあり、多くの人に尊敬されている人にお会いして、どうしてそのような豊かな生き方をされるようになりましたかとお訊《き》きしたら、※「結核のおかげですよ」と答えられた。

学生時代に結核になった。当時は㋐テキカクな治療法がなく、ただ安静にするだけが治療の手段であった。結核という病気は意識活動の方は全然おとろえないので、若い時に他の若者たちがスポーツや学問などにいそしんでいることを知りつつ、ただただ安静にしているだけ、というのは大変な苦痛である。青年期の一番大切な時期を無駄にしてしまっている、という考えに苦しめられるのである。

（　　）、自分が経営者となって成功してから考えると、①結核による「道草」は、無駄ではなかったのである。無駄どころか、それはむしろ有用なものとさえ思われる。そのときに経験したことが、今になって生きてくるのである。人に遅れをとることの悔しさや、誰もができることをできない㋑辛さなどを味わったことによって、弱い人の気持がよくわかるし、死について生についていろいろ考え悩んだことが意味をもってくるのである。

このような生き方の道として、目的地にいち早く着くことのみを考えている人は、その道の味を知ることがないのである。受験戦争とやらで、大学入試が大変であり、ここでは大学合格という「目的」に向かって道草などせずにまっしぐらに進むことが㋒ヨウセイされているようである。しかし、実際に入学してきた学生で、入学してから㋓トウカクをあらわしてくるのを見ていると、受験勉強の間に、それなりに結構「道草」をくっていることがわかるのである。そんなこともあるものか、と思われそうだが、このあたりが人間の面白いところで、道草をくっていると、しまったと思って頑張ったりするから、全体としてあんがいつじつまの合うものなのである。

　こんなことを考えたのも、実は漱石の『道草』を読み直す機会があったからである。読んで筋道を知って居《お》られる人も多いだろうが、主人公の男性は、何かと奥さんとすれ違いをし、腹をたてたり悔んだりしている。そこへ、昔世話になった養父というのが現われて金を※せびりに来る。こんなのに今更かかわり合う筋合いではないとわかっているのだが、何となくかかわり合ってしまって、いやだいやだと思いつつ、関係を引きずってゆく。奥さんから見れば、ちゃんと②けじめをつければいいのに、ということになるし、それが正しいこととわかっていながら、何のかのと㋔厄介なことが続く。

　これは、日常、どこの家でも見られるゴタゴタがただ淡々《たんたん》と描かれているだけのようにさえ思われる。主人公の男性は学者であり、学問的にしなくてはならないことを沢山かかえこんでいながら、このような日常のゴタゴタで「道草」をくわされてしまっているのだ。

　ところが、この『道草』を読んでいると、そのような現実をじっと眺めている、③高い高い視点からの「目」の存在が感じられてくるのである。それはまったくⓑたじろがずに、すべてのことを見ようとしている。自分が正しいのか妻が正しいのか、などという判断を超えて、現実をそのままに見ている。そのような目の存在を感じると、『道草』に描かれている日常のいわゆるゴタゴタなるものが、まさに「道」そのものの味をもっていることがわかってくるのである。

　道草によってこそ道の味がわかると言っても、それを味わう力をもたねばならない。そのためには漱石の『道草』ほどまでにはいかないとしても、それを眺める視点をもつことが必要だと思われる。

（河合隼雄『こころの処方箋』新潮文庫刊より）

※迂路…遠回りの道。
※結核…結核菌の感染によって起こる慢性の感染症。特に、肺結核。
※せびる…金品をもらおうとして、しつこく頼む。

問一　～～～㋐「テキカク」・㋑「辛さ」・㋒「ヨウセイ」・㋓「トウカク」・㋔「厄介」のカタカナは漢字に直し、漢字は読みをひらがなで書きなさい。

問二　＝＝＝ⓐ「満喫していた」・ⓑ「たじろがずに」の本文中の意味として最も適切なものを次のア～エの中からそれぞれ選び、記号で答えなさい。

ⓐ　ア　とても怖がっていた　　イ　十分に楽しんでいた　　ウ　物足りなく感じていた　　エ　かみしめていた

ⓑ　ア　こわがらないで　　イ　驚かないで　　ウ　ひるまないで　　エ　期待しないで

問三　（　　）に入る最も適切なことばを次のア～オの中から選び、記号で答えなさい。

ア　また　　イ　つまり　　ウ　ところが　　エ　それとも　　オ　あたかも

問四　――①「結核による『道草』は、無駄ではなかった」とあるが、なぜこのように言えるのか。五十字以内で説明しなさい。

問五　――②「けじめをつければ」とあるが、「けじめをつける」とは、誰がどうすることなのか。二十字程度で答えなさい。

問六　――③「高い高い視点からの『目』」とはどのようなものか。最も適切なものを次のア～エの中から選び、記号で答えなさい。

ア　将来の目標への道筋をしっかりと見定める視点。

イ　自分ができることとできないことを見分ける判断力。

ウ　様々な人の生き方を受け入れていく幅広いものの見方。

エ　日常の出来事を冷静に判断し効率を重視する考え方。

三　次の文章を読んで、あとの各問いに答えなさい。

曙《あけぼの》第二中学校の放送部には、部員は※みさとを含めた三年生が二人しかおらず、放送部は存続の危機にあった。転校生の※真野《まの》葉月《はづき》など新たに三人の入部を得て、「お昼の放送」など活動の幅が大きく広がった放送部は、「中学校放送コンクール地区大会」に出場することにした。次の文章は、前の中学校で葉月が参加した放送コンクール「朗読部門」の作品を、みさとが聴《き》いている場面である。葉月は「ラジオ番組部門」において、作品の製作にも関わっていた。

お詫び

著作権上の都合により、文章は掲載しておりません。
ご不便をおかけし、誠に申し訳ございません。

教英出版

お詫び

著作権上の都合により、文章は掲載しておりません。
ご不便をおかけし、誠に申し訳ございません。

教英出版

お詫び

著作権上の都合により、文章は掲載しておりません。
ご不便をおかけし、誠に申し訳ございません。

教英出版

お詫び
著作権上の都合により、文章は掲載しておりません。
ご不便をおかけし、誠に申し訳ございません。
教英出版

（市川朔久子『ＡＢＣ！　曙第二中学校放送部』より）

※みさと…本庄みさと。曙第二中学校放送部の三年生。副部長を務める。
※真野葉月…四月に曙第二中学校に転校してきた放送部の三年生。前の学校で放送部に所属していた。
※古場…古場和人《かずと》。曙第二中学校放送部の三年生。部長を務める。
※アドバイザー…葉月は放送コンクール出場の実績を買われ、放送部部員の技術指導などにあたっていた。

問一　〰〰〰㋐「スベリ」・㋑「キンキョウ」・㋒「蔑まれて」・㋓「手柄」・㋔「ススめられて」のカタカナは漢字に直し、漢字は読みをひらがなで書きなさい。

問二　[A]・[B]に入る最も適切なことばを次のア～エの中からそれぞれ選び、記号で答えなさい。

[A]
ア　あまのじゃく
イ　ひっこみ思案
ウ　負けず嫌い
エ　自由奔放

[B]
ア　朗々と
イ　揚々と
ウ　淡々と
エ　着々と

問三　——①「気づいたときにははずかしさで死にそうになった」とあるが、葉月はどのようなことに気づいたというのか。五十字以内で説明しなさい。

問四　——②「胸が痛くなった」とあるが、みさとがこのように感じた理由として最も適切なものを次のア～エの中から選び、記号で答えなさい。

ア　葉月が友人に一方的に非難されたことが気の毒に思えたから。
イ　葉月が辛い気持ちを押しころしているように感じられたから。
ウ　葉月の話が自分に向けられた言葉のように思えて傷ついたから。
エ　葉月の辛い気持ちを誰にも言えずにいることが悲しかったから。

問五　宮沢賢治の作品を次のア～オの中から二つ選び、記号で答えなさい。

ア　注文の多い料理店　　イ　高瀬舟　　ウ　三四郎　　エ　銀河鉄道の夜　　オ　蜘蛛《くも》の糸

四

次の文章を読んで、あとの各問いに答えなさい。

ある時、都の鼠《ねずみ》、片田舎《かたゐなか》に下り侍《はべ》りける《下りました。》。田舎の鼠ども、①これをいつきかしづくこと限りなし。これによつて、田舎の鼠を召《め》し具《ぐ》して《引き連れて》※上洛《しやうらく》す。しかもその住所は《住まいは、》、都の※有徳者《うとくしや》の蔵《くら》にてなんありける。かるが故に《こういうわけで、》、食物足《た》つて乏《とも》しきことなし。都の鼠申しけるは、「※上方《かみがた》にはかくなん②いみじきことのみおはすれば《ばかりがありますので、》、いやしき田舎に住みならひて《まずしい田舎に住みなれて、》、何にかはしたまふべき《どうしようもないだろう。》」など語り慰《なぐさ》む《気楽に話している》ところに、家主《いへぬし》、蔵に用あることあつて、にはかに戸を開く。（　Ⅰ　）の鼠はもとより※案内者なれば、我が穴に逃げ入りぬ。（　Ⅱ　）の鼠はもとより無案内のことなれば、あわて騒ぎて隠れところもなく、からうじて《やっとのことで》命ばかり助かりける。その後、田舎の鼠、参会して《（都の鼠に）出会って、》、このよし語るやう、「※御辺《ごへん》は都をいみじきことのみありとのたまへど《おっしゃったが、》、③ただ今の気づかひ、一《いち》夜白髪《やはくはつ》といひつべく候《さうら》ふ《ときっと言うことができます》。田舎にては事足らぬことも侍れども、かかる気づかひなし」となん申しける。

（『伊曽保物語』より）

※上洛…都へ上ること。上京。
※有徳者…裕福な人。金持ち。
※上方…都のこと。
※案内者…事情をよく知る人。
※御辺…あなた。

問一　＝＝「ならひて」を現代仮名遣いに直しなさい。

問二　（　Ⅰ　）・（　Ⅱ　）に、「都」か「田舎」のどちらかを入れなさい。

問三　——①「これをいつきかしづくこと限りなし」の現代語訳として最も適切なものを次のア～エの中から選び、記号で答えなさい。

ア　都の鼠を、この上なくひどくばかにした。
イ　都の鼠を、この上なく大切にもてなした。
ウ　田舎の鼠を、毎日のように盛大にもてなした。
エ　田舎の鼠を、ことごとく家来にしてしまった。

問四　——②「いみじきこと」とは「すばらしいこと」という意味であるが、その内容を具体的に述べた部分を、本文中から十字程度で抜き出しなさい。

問五　——③「ただ今の気づかひ」とあるが、これは田舎の鼠たちの、どのような思いのことか。最も適切なものを次のア～エの中から選び、記号で答えなさい。

ア　都の鼠が家主と共に自分たちを捕らえたことに対する不満。
イ　慣れない土地で命が危険にさらされることに対する恐怖。
ウ　都の鼠が裕福な暮らしをさせてくれたことに対する感謝。
エ　都での何不自由ない暮らしになじめないことに対する落胆。

問六　この文章から読み取れる教訓として最も適切なものを次のア～エの中から選び、記号で答えなさい。

ア　身分の低い者は、身分の高い者とは一緒に行動してはいけない。
イ　身分の低い者が上京する時は、十分な心構えが必要である。
ウ　人間は、鼠とでも助け合って生きていかなければならない。
エ　人間は、常に命の危険にさらされていることを知る必要がある。

前期

令和５年度
佐賀学園高等学校
特別進学コース
入学試験問題

数　　学

（50分）

（注　　意）

1．「始め」の合図があるまでは，開いてはいけません。

2．「始め」の合図があったら，まず，解答用紙に受験番号を書きなさい。

3．問題は全部で５題で，表紙を除いて６ページです。

4．答えはすべて解答用紙に書きなさい。

5．円周率はπとしなさい。また，$\sqrt{\ }$の中はできるだけ簡単な数にしなさい。

6．図はかならずしも正確ではありません。

7．分数は，これ以上約分できない形にしておきなさい。分母は$\sqrt{\ }$をふくまない形にしなさい。

8．分度器，計算機は使用してはいけません。

9．質問があったら，黙って手をあげなさい。

10．「やめ」の合図で鉛筆をおきなさい。

1 次の各問いに答えなさい。

(1) 次の計算をしなさい。

① $5-(-3)\times 2$

② $\dfrac{1}{8}+\dfrac{3}{8}\left(\dfrac{1}{3}-\dfrac{1}{2}\right)$

③ $-2a^2b^2\times 6a^3b\div 4a^4b^2$

④ $\left(\sqrt{27}-\dfrac{1}{\sqrt{3}}\right)\times\sqrt{12}$

(2) $2xy^2-12xy+18x$ を因数分解しなさい。

(3) 2次方程式 $(x-5)(x+1)=3(x-5)$ を解きなさい。

(4) 関数 $y=\dfrac{a}{x}$ について，x の変域が $3\leqq x\leqq 6$ のとき，y の変域が $2\leqq y\leqq b$ である。このとき，a，b の値を求めなさい。ただし，$a>0$ とする。

(5) $\dfrac{5}{3}$ より大きく $\sqrt{51}$ より小さい整数の個数を求めなさい。

(6) 大小2つのさいころを同時に投げて出た目の和を n とする。このとき，$\sqrt{72n}$ が整数となる確率を求めなさい。

(7) 底面の半径が3 cmである円錐を頂点を中心に転がしながら動かした。底面がちょうど5回転して，円錐がもとの位置に戻ったとするとき，この円錐の母線の長さを求めなさい。

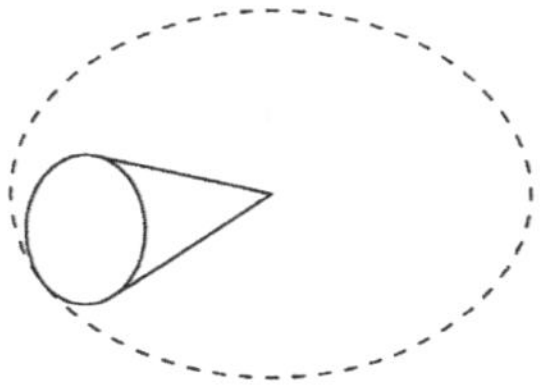

(8) A組とB組を対象に，9月から12月の間に読んだ本の冊数について調査した。下の度数分布表はA組の結果を，ヒストグラムはB組の結果をまとめたものである。これらから読み取ることができることがらとして適当なものを，次の(ア)〜(オ)の中からすべて選び，記号で答えなさい。

A組の結果

冊数（冊）	度数（人）
0	3
1	2
2	2
3	1
4	3
5	1
6	5
7	1
計	18

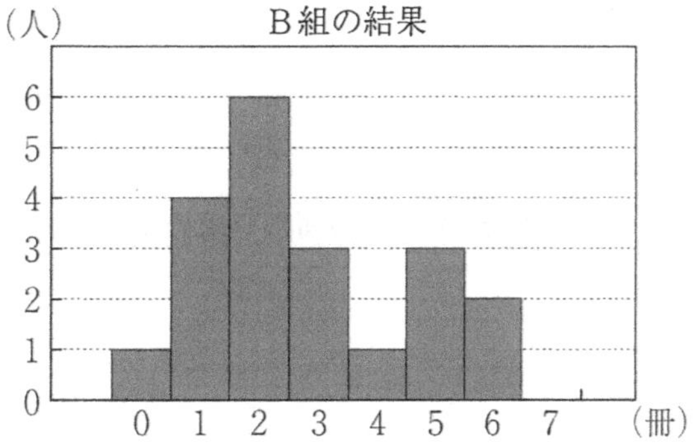

(ア) A組の人数はB組の人数と比べると多い。

(イ) A組とB組の平均値は同じである。

(ウ) 中央値を比較すると，A組の方が大きい。

(エ) A組の最頻値は5冊，B組の最頻値は2冊である。

(オ) 冊数が3冊である生徒の相対度数は，B組の方が大きい。

2 右の図のように，関数 $y = ax^2$ のグラフと直線 p が点A(2, −2)，点Cで交わっている。点Aと y 軸について対称な点をBとする。点Cの x 座標が −8 のとき，次の各問いに答えなさい。

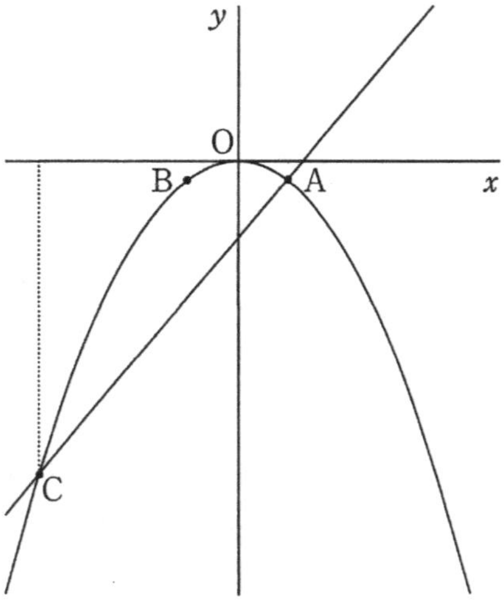

(1) 点Bの座標を求めなさい。

(2) a の値を求めなさい。

(3) 直線 p の式を求めなさい。

(4) 四角形OBCAの面積を求めなさい。

(5) 原点Oを通り，四角形OBCAの面積を二等分する直線の式を求めなさい。

3 お茶の世界では複数の茶葉を混ぜ合わせて，より深い味わいを引き出す「合組《ごうぐみ》」という文化がある。はるきさんは自分好みのお茶を作るために，A，B，Cの3種類の茶葉で「合組」をやってみた。100 g あたりの値段はAは600円，Bは800円，Cは1000円である。このとき，次の各問いに答えなさい。

(1) Aを30 g，Bを20 g，Cを50 g「合組」したとき，値段はいくらになるか答えなさい。

(2) A，B，Cをある割合で「合組」すると100 g あたり740円，BとCの割合を入れ替えると100 g あたり700円となった。このとき，100 g あたり740円となるA，B，Cの割合を，最も簡単な整数比で答えなさい。

(3) (2)で求めた割合で「合組」した茶葉を540 g 作るとき，Cは何g必要になるか求めなさい。

4 下の図において，△ABC は AB＝AC の二等辺三角形である。図のように △ABC の辺上に，AB∥DE，AC∥FG となるような点D，E，F，Gをとる。また，DE と FG の交点をHとする。このとき，次の各問いに答えなさい。

(1) △FBG と △DEC が相似であることを次のように証明した。
(ア)，(イ)には適する式を，(ウ)には相似条件を書きなさい。

【証明】

△FBG と△DEC において
AB∥DE より
(ア) ∠　　＝∠　　 ……①
AC∥FG より
(イ) ∠　　＝∠　　 ……②
①，②より
(ウ) ［　　　　　］ 等しいから
△FBG∽△DEC

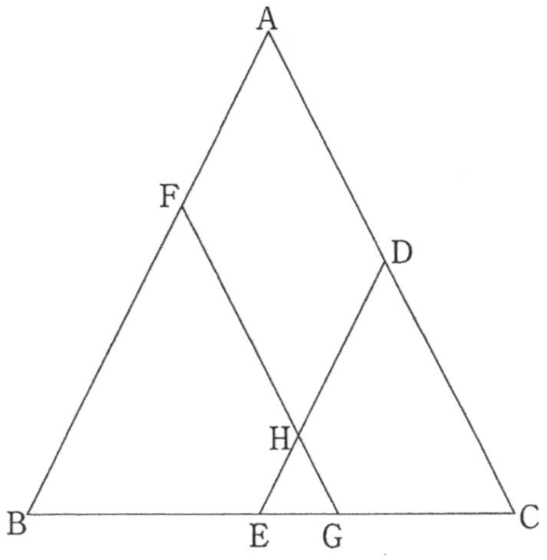

(2) AB＝7，FG＋DE＝9 であるとき，次の各問いに答えなさい。

(あ) AF＋AD の値を求めなさい。

(い) AF＝2，BC＝6 であるとき，EG の長さを求めなさい。

(う) △ABC が正三角形で，AF＝2，△HEG の面積が $\sqrt{3}$ であるとき，四角形AFHD の面積を求めなさい。

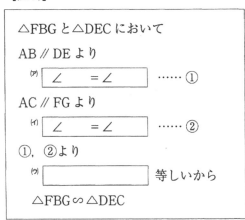

5　下の**図Ⅰ**と**図Ⅱ**は縦横が同じ数の正方形からなる方眼（真四角に区切られたマス）の対角線を黒く塗りつぶしている図である。下の文は，この二つの図についてAさんが縦横3マス以上の方眼で考察したレポートである。文章の中の空欄**ア**～**ケ**に適当な数や文字式を入れて文章を完成させなさい。

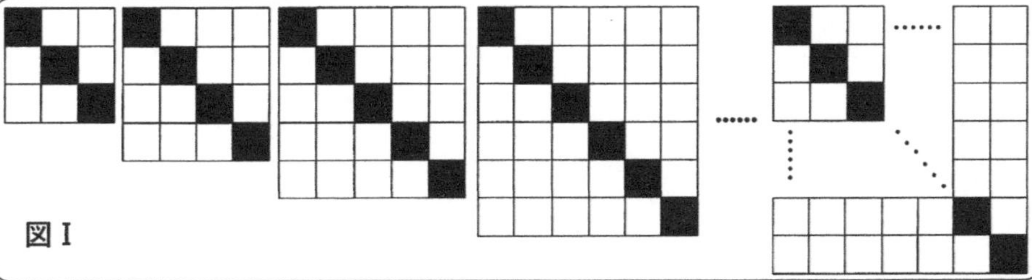

図Ⅰ

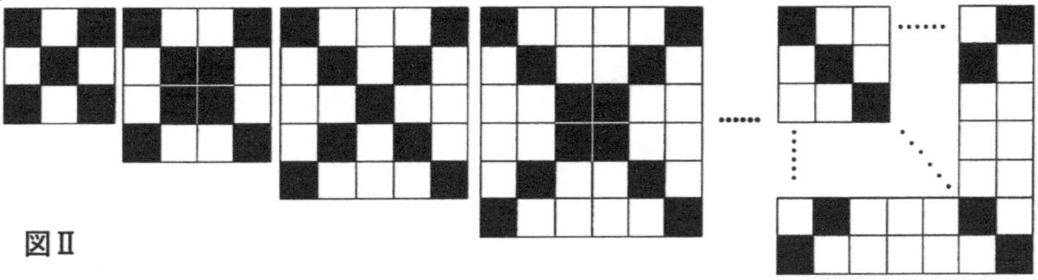

図Ⅱ

図Ⅰで，縦横3マスの方眼では全部で9マスあり，黒のマスは3マスで，白のマスは6マスある。同じように考えると，縦横23マスの方眼を作成し図Ⅰのように対角線を黒く塗りつぶしたとき，白のマスは ア［　　］ マスである。ここでnを3以上の整数としてマスの数を文字式を用いて表すことを考える。縦横nマスの方眼とすると，マスの数は全部で イ［　　］ マスで，黒のマスの数は ウ［　　］ マスと表すことができるので，白のマスの数は エ［　　］ マスと表すことができた。

次に，**図Ⅱ**で，黒のマスの数を調べてみると，縦横奇数マスの方眼と縦横偶数マスの方眼では規則性が異なることがわかった。縦横のマスの数が奇数の場合と偶数の場合に分けて，nを3以上の自然数として文字式を用いて表すことを考えた。縦横のマスの数が奇数，つまりnが奇数のとき，黒のマスの数は オ［　　］ マスと表すことができ，白のマスの数は カ［　　］ マスと表すことができる。縦横のマスの数が偶数，つまりnが偶数のとき，黒のマスの数は キ［　　］ マスと表すことができるので，白のマスの数は ク［　　］ マスと表すことができた。これらの事を応用すると，例えば黒のマスが2023マスであるとき，縦横のマスの数は ケ［　　］ マスである。

以上から課題を解決するために文字式を用いることの有用性を学ぶことができた。

前期

令和５年度
佐賀学園高等学校
特別進学コース
入学試験問題

英　　語

（50分）

（注　意）

1．「始め」の合図があるまでは，開いてはいけません。

2．「始め」の合図があったら，まず，解答用紙に受験番号を書きなさい。

3．問題は全部で７問で，表紙を除いて11ページです。

4．最初に，1 の「放送による聞き取りテスト」を行います。

5．答えはすべて解答用紙に書きなさい。

6．質問があったら，黙って手をあげなさい。

7．「やめ」の合図で鉛筆をおきなさい。

1 放送による聞き取りテスト

※音声は収録しておりません

問1 答えは，それぞれ**ア**～**ウ**の中から1つ選び，記号を書きなさい。

(1) (**ア**，**イ**，**ウ**)　　　(2) (**ア**，**イ**，**ウ**)

問2 答えは，それぞれ**ア**～**エ**の中から1つ選び，記号を書きなさい。

(1)

ア

イ

ウ

エ

(2)

ア

イ

ウ

エ

問3 答えは，それぞれ**ア**～**エ**の中から1つ選び，記号を書きなさい。

(1)
ア Japanese
イ Italian
ウ Chinese
エ French

(2)
ア He was busy.
イ He watched a baseball game.
ウ He doesn't have a TV.
エ He doesn't like sports.

(3)
ア 25
イ 35
ウ 45
エ 55

問4　答えは，それぞれ**ア**～**エ**の中から1つ選び，記号を書きなさい。

(1)　**ア**　At home.

イ　At junior high school.

ウ　At high school.

エ　At college.

(2)　**ア**　Yes, he is.

イ　Yes, she is.

ウ　Yes, they are.

エ　Yes, we are.

(3)　**ア**　Yes, she does.

イ　No, she doesn't.

ウ　Yes, she did.

エ　No, she didn't.

2 次の１～３の各問いに答えなさい。

1　次の(1)～(3)のA，Bの対話が成り立つように，文中の（　　）の中にそれぞれ最も適切な１語を英語で書きなさい。ただし，解答は（　　）内に指示された文字で書き始めること。

(1)　A：(M　　　　) I try this T-shirt on?
　　B：Sure. The fitting room is over there.

(2)　A：There are many people in this classroom. Can we find any seats?
　　B：Let's ask our teacher (w　　　　) to sit.

(3)　A：Look at the (b　　　　) window. I'm sure a ball hit it.
　　B：We have to *replace that with a new one.

*replace　～を取り替える

2　次の(1)～(5)の英文が成り立つように，（　　）に入る最も適切な語（句）をア～エの中からそれぞれ１つ選び，記号を書きなさい。

(1)　Don't be afraid (　　　　) making mistakes when you speak English.
　　ア　of　　イ　in　　ウ　as　　エ　with

(2)　His dream is (　　　　) in a foreign country.
　　ア　lives　　イ　to live　　ウ　lived　　エ　being living

(3)　Study hard, (　　　　) you will pass the examination.
　　ア　but　　イ　or　　ウ　and　　エ　if

(4)　The summer festival (　　　　) on August 30.
　　ア　will hold　　イ　will be held　　ウ　will held　　エ　are held

(5)　Do you know how many times (　　　　) to Hokkaido?
　　ア　been has Yuki　　イ　did Yuki come　　ウ　has Yuki been　　エ　Yuki has been

3　次の(1), (2)の状況において，**ア**～**エ**の英文が２人の対話として成り立つように解答欄の左から順に，記号を並べなさい。

(1)　＜状況＞　挑戦したいことについて話しています。

ア　How about going to a sports gym? The new one opened yesterday.

イ　They have various programs, like swimming, dancing and yoga.

ウ　I want to try some exercises. Give me some advice.

エ　That's a good idea! What kind of programs do they have?

(2)　＜状況＞　新任のALTの先生について話しています。

ア　All right. He will be happy to hear that.

イ　Did you have a class with the new English teacher from Australia?

ウ　Our English club wants to have a welcome party for him. So, can you ask him when he is free?

エ　Yes, I enjoyed talking with him in English and I'm looking forward to his class today.

3　次の１～５の日本文に合うように，[　　] 内の語（句）を並べかえて英文を完成させなさい。

1　私は昨晩とても興奮していたので眠れなかった。

I was [that / so / sleep / I / excited / couldn't] last night.

2　あなたは部屋をきれいにしておくべきだ。

You [clean / should / your / keep / room].

3　ステージの上で歌を歌っている女の子はクリスと呼ばれています。

The girl [is / singing / called / the stage / a song / on] Chris.

4　トムはクラスのどの生徒よりも背が高い。

Tom is [than / other / taller / student / any] in his class.

5　あなたが探していた手袋は見つかりましたか。

Did you [were / the gloves / you / find / looking / which] for?

4 次の1～5の各組の英文がほぼ同じ意味になるように，（ ① ），（ ② ）にそれぞれ適切な英語1語を書きなさい。

1 You need not get up early this morning.
You don't (①) (②) get up early this morning.

2 My father died ten years ago.
My father (①) been dead (②) ten years.

3 This book is not as difficult as that book.
This book is (①) (②) that book.

4 My mother said to me, "Go to bed early."
My mother told (①) (②) go to bed early.

5 There was no sugar in the pot.
There was (①) (②) sugar in the pot.

5 佐賀県に住む麻衣（Mai）の学校に来月ニュージーランドから留学生がやって来ることになりました。次の英文は英語の授業で，ALTのEmily（エミリー）先生が話している場面です。下の発表原稿を完成させるために，麻衣の立場に立って，20語～30語程度の英語を書きなさい。ただし，2文になってもかまわない。

Ms. Emily：Mai, you know a new student is coming from New Zealand next month.
So, I want you to introduce Saga to him.

発表原稿

I'm going to introduce Saga. ________________________________
____
____

6 次の会話文が成り立つように，［ A ］～［ E ］に当てはまる最も適切な英語を，**ア**～**カ**の中からそれぞれ１つずつ選び，記号を書きなさい。ただし，同じ記号は一度しか使えない。

Lisa：I heard that Japan's *age of adulthood has changed from 20 to 18. When you are in 3rd grade in high school, you will become adults, right?

Hiroki：Yes. I am worried about becoming an adult at the age of 18. We will be able to decide many things by ourselves. For example, we can get a *credit card without our parents' *permission. But [A]. Also, 18-year-olds got *the right to vote in 2015. We have to know what each *candidate is going to do for the Japanese people.

Lisa：Can you smoke or drink *alcohol when you become 18 years old?

Hiroki：No, we can't. Because smoking and drinking alcohol is *unhealthy, we can't do that until we become 20 years old. I learned that the age of adulthood is 18 in many countries. You are from America, aren't you? When do American people become adults?

Lisa：In America, there are 50 states and *laws are different *from state to state. In many states, people become adults when they are 18. The age of smoking and voting are different from state to state. When people become 16, they can drive cars. So, [B]. But, people in America can't drink alcohol until they are 21.

Hiroki：I understand each state has different laws or *standards in America. I am surprised to know that the age of drinking alcohol in America is higher than in Japan. The Japanese government wants young people to become interested in Japanese *politics and be *involved in society. The *voting rate of young people in Japan is low, so [C] by changing Japan's age of adulthood.

Lisa：However, I don't think only doing that makes the voting rate of young people higher. In America, [D], but the voting rate of young people in America is low, too. The important thing is to teach students about politics when they are young. I think young people should know that politics is very important for our *lives.

Hiroki：You mean [E]. Young people *tend to think that they have no power to change the world or society. But, having knowledge about politics and having the right to vote is the power to change the world. And, many things that politicians decide are very important for our lives.

Lisa：This is a good chance for young people to think about their *responsibility and Japanese society and their future. You should try to do new things or learn many things.

問2の問題に移ります。1番も2番も，英語の会話を聞いて答える問題です。それぞれの会話の内容を最もよく表している絵を，問題用紙のア，イ，ウ，エの中から1つ選んで，その記号を書きなさい。では，始めます。

1番 Nicole: What time will you get up tomorrow, Jeff?
Jeff : I think I will get up at 7:30.

（3秒おいて）繰り返します。（約5秒休止）

2番 Nicole: What do you do in your free time, Jeff?
Jeff : I like doing many things, but I like taking photos very much.

（3秒おいて）繰り返します。（約5秒休止）

（チャイムの音 1つ）

問3の問題に移ります。1番から3番まで，ジェフ（Jeff）とニコル（Nicole）が英語で短い会話をします。それぞれの会話の最後の質問に対する答えとして最も適切なものを，問題用紙のア，イ，ウ，エの中から1つ選んで，その記号を書きなさい。では，始めます。

1番 Jeff　: Let's go to this restaurant for lunch, Nicole.
Nicole: Sounds good. I like sushi.
Jeff　: Me, too.

Question: What kind of restaurant will they go to?

（3秒おいて）繰り返します。（約5秒休止）

2番 Nicole: Did you watch the soccer game on TV, Jeff?
Jeff　: No, I didn't. I don't like sports.
Nicole: Well, it was a great game. Japan won!

Question: Why didn't Jeff watch the soccer game?

（3秒おいて）繰り返します。（約5秒休止）

3番 Jeff　: I went to a big party on Saturday. More than fifty people came.
Nicole: Wow! What did you do at the party?
Jeff　: Well, I listened to music and danced.

Question: How many people came to the party?

（3秒おいて）繰り返します。（約5秒休止）

（チャイムの音　1つ）

令和五年度　佐賀学園高等学校　特別進学コース　入学試験解答用紙

前期　国語

受験番号

得　点

※100点満点

一

問一

A

C

B

D

問二

〜

問三

100　80

問一．２点×４
問二．２点
問三．７点

二

問一

㋐

㋓

㋑

さ

㋔

㋒

問二

ⓐ

ⓑ

問三

問四

問一．２点×５
問二．２点×２
問三．３点
問四．８点
問五．５点
問六．４点

(6)	
(7)	cm
(8)	

2

(1) 2 点
(2) 3 点
(3) 3 点
(4) 4 点
(5) 4 点

(1)	B（　　　，　　　）
(2)	$a=$
(3)	$y=$
(4)	
(5)	$y=$

	(う)	

5

ア．1 点
イ．1 点
ウ．1 点
エ．2 点
オ．2 点
カ．2 点
キ．2 点
ク．2 点
ケ．2 点

ア		イ	
ウ		エ	
オ		カ	
キ		ク	
ケ			

受験番号

得　　点

※100点満点

5点

6

3点×5

A		B		C		D		E	

7

1．1点×2
2．1点
3．2点×2
4．a 1点 b 2点 c 1点
5．4点
6．3点
7．2点×3
8．2点×2

1	A		D			
2						
3	①					
	②					
4	a		b			
	c					
5						
6						
7	(1)		(2)		(3)	
8						

受験番号

得　　点

※100点満点

※特別進学コースと普通科・情報処理科・商業科共通
音声は収録しておりません

「放送による聞き取りテスト」台本 」

(チャイムの音　4つ)

それでは，問題用紙と解答用紙を開いて，解答用紙に受験番号を書きなさい。(約8秒休止)

(チャイムの音　1つ)

これから，放送による聞き取りテストを行います。問題は，それぞれ2回繰り返して放送します。放送中にメモをとってもかまいません。

では，問1の問題を始めます。1番も2番も，英語の質問を聞いて，その答えを選ぶ問題です。それぞれの質問に対する答えとして最も適切なものを，ア，イ，ウの中から1つ選んで，その記号を書きなさい。では，始めます。

(※選択肢ア～ウ間のポーズは全て1秒とする。)

1番 Jeff　: Welcome to Saga Gakuen High School, Nicole.
Nicole : (　　　　　　　　　　)

ア I can't come.　　イ Thank you.　　ウ I don't feel well.

(3秒おいて) 繰り返します。(約5秒休止)

2番 Jeff　: What did you have for breakfast this morning, Nicole?
Nicole : (　　　　　　　　　　)

ア I'm very hungry.　イ I had spaghetti for dinner.　　ウ I didn't have breakfast this morning.

(3秒おいて) 繰り返します。(約5秒休止)

(チャイムの音　1つ)

問4の問題に移ります。はじめに，ジェフ（Jeff）とニコル（Nicole）が英語で会話をします。次に2人の会話の内容について，英語で3つの質問をします。それぞれの質問に対する答えとして最も適切なものを，問題用紙のア，イ，ウ，エの中から1つ選んで，その記号を書きなさい。では，始めます。

Jeff　：Hello, Nicole.　How do you like teaching at the junior high school?
Nicole：I enjoy it a lot.　The students are really cute.　How about the high school, Jeff?
Jeff　：I like it too, but the students are not so cute.
Nicole：Do the students at high school study hard?
Jeff　：Yes, they do.　Some students want to go to university.
Nicole：Are your students also good at sports?
Jeff　：Oh, yes!　Boys' and girls' volleyball, soccer, baseball and kendo teams are all very strong.
Nicole：That's great!　I hope my students can enter Saga Gakuen High School.

（約3秒休止）

1番 Where does Jeff work?　（約7秒休止）

2番 Are the high school students good at sports?　（約7秒休止）

3番 Does Nicole like working at the junior high school?　（約7秒休止）

（約3秒おいて）繰り返します。（約5秒休止）

これで，放送による聞き取りテストを終わります。ほかの問題へ進んでください。

（約3秒休止）

（チャイムの音　1つ）

問六
問

三

問一
㋐　　　り
㋑
㋒　　　まれて
㋓
㋔　　　められて

問二
A
B

問三

問四

問五

問一．２点×５
問二．２点×２
問三．８点
問四．３点
問五．２点×２

四

問一

問二
Ⅰ
Ⅱ

問三

問四

問五

問六

問一．２点
問二．２点×２
問三．３点
問四．３点
問五．４点
問六．４点

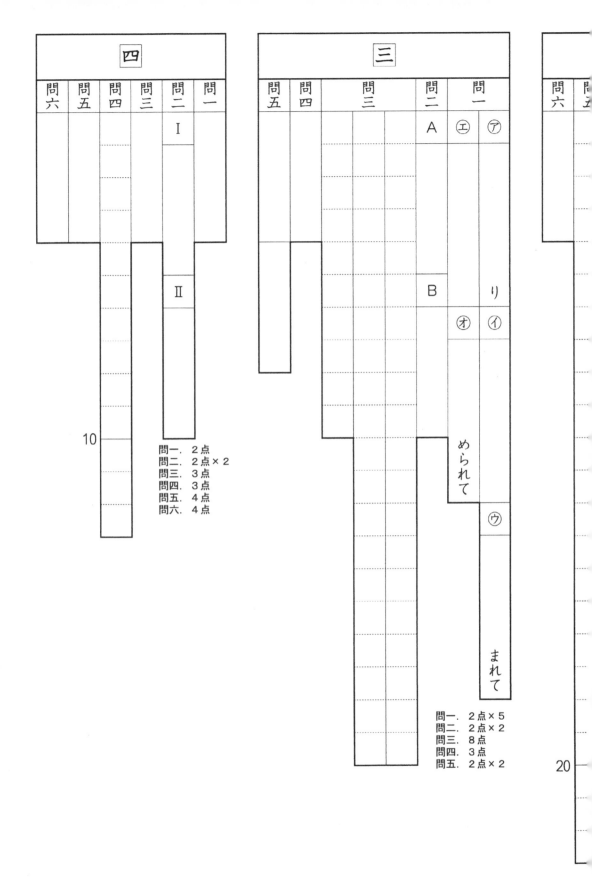

令和５年度
特別進学コース　入学試験数学解答用紙

1

(1) ３点×４
(2) ４点
(3) ４点
(4) ４点
(5) ４点
(6) ４点
(7) ４点
(8) ４点

(1)	①	
	②	
	③	
	④	
(2)		
(3)	$x=$	
(4)	$a=$　　　　　，$b=$	

3

(1) ３点
(2) ７点
(3) ４点

(1)	円
(2)	A：B：C＝　　：　　：
(3)	g

4

(1) ２点 ×３
(2) ３点 ×３

(1)	(ア)	∠　　　　＝∠
	(イ)	∠　　　　＝∠
	(ウ)	
	(あ)	AF＋AD＝

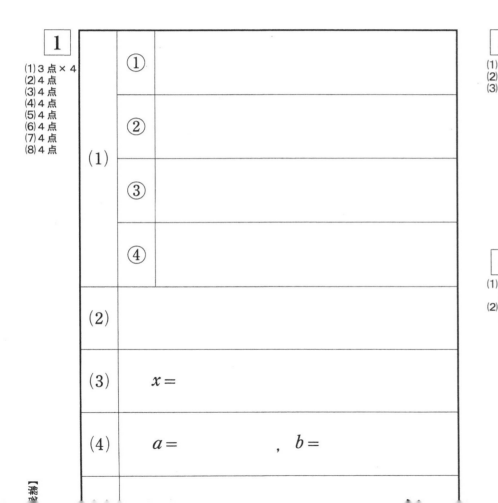

令和５年度
佐賀学園高等学校　特別進学コース　入学試験英語解答用紙

1
２点×10

問１	(1)	
	(2)	

問２	(1)	
	(2)	

問３	(1)	
	(2)	
	(3)	

問４	(1)	
	(2)	
	(3)	

2
1．１点×３
2．１点×５
3．２点×２

1	(1)		(2)		(3)					
2	(1)		(2)		(3)		(4)		(5)	
3	(1)	→ → →	(2)	→ → →						

3
２点×５

1	I was [　　　　] last night.
2	You [　　　　].
3	The girl [　　　　] Chris.
4	Tom is [　　　　]in his class.
5	Did you [　　　　] for?

4
２点×５

1	①		②		2	①		②	
3	①		②		4	①		②	

令和五年度

佐賀学園高等学校

普通科・情報処理科・商業科　入学試験問題

国語

(50分)

前期

（注意）

一、「始め」の合図があるまでは、開いてはいけません。

二、「始め」の合図があったら、まず、解答用紙に受験番号を書きなさい。

三、問題は全部で三題で、表紙を除いて十ページです。

四、答えはすべて解答用紙に書きなさい。

五、特別に指示のある場合を除き、句読点は一字として数えます。

六、質問があったら、黙って手をあげなさい。

七、「やめ」の合図で鉛筆をおきなさい。

一　次の文章を読んで、あとの各問いに答えなさい。

十代から二十代にかけて多くの人がぶつかる就職の問題を例に、自分と向き合うことと自分の生きかたを決定することとの㋐交錯ぶりを具体的に見ておこう。

江戸時代のように共同体社会の規制が強く、男は大抵が親の家業を㋑ツぎ、女は嫁入り先の家事と家業に従事するという社会では、職を選ぶという意識が稀薄で、当人がそれを機縁に自分と向き合うことも、自分の生きかたを決めるということもなかった。職業の選択が可能になるのは明治以降のことで、そうなってはじめて、職に就くことが自分と向き合い、自分の生きかたを決定する大きな機縁となる。

自分が職を選ぶとき、どんな職に就きたいか、どんな職なら就けるかが、二つながら大きな問題となる。自分の望みと自分の適性だ。それを見きわめねばならない。まだ若い十代や二十代で自分の望みや適性を見きわめるのは㋒ヨウイでないし、実際に見きわめたと思える人はほとんどいないだろうが、どんなにむずかしくとも、見きわめる努力なしには事態は一歩も前に進まない。自分の進むべき道を自分で選ぼうというなら、自分で自分を見きわめるほかはない。他人の意見や助言は参考になるし、進んで他人の意見や助言を求める人も少なくなかろうが、望みや適性の見きわめも、職選びも、最終的には当人へと還ってくる。その人の生きかたはその人にとってこそもっとも大切なものであって、とすれば当人が考え、当人が決定すべきものだからだ。

望みと適性を見きわめるには、自分と向き合わないではいられない。①望みは、どちらかといえば現在から未来へとむかう自分に、適性は、逆に現在から過去へとつながる自分にかかわるといえるが、そのどちらも自分であることに変わりはない。いうならば、過去・現在・未来に相わたる自分が自分にとって問題となっている。しかも、（　Ⅰ　）的に問題になるというより、（　Ⅱ　）的に問題になるのだ。

主体性が問われるのは、ここでの自分との向き合いが、職を選ぶという決断と不可分に結びついているからだ。

自分を形づくる容貌、体形、体力、好き嫌い、性格、才能、感受性などが、選ぼうとする職業とさまざまな形で関係する。職種によってはある要素は大いに可能性が開かれるだろうが、別の要素は㋓抑制されるかもしれない。全体として自分の資質に合っているように思えるが、どうしても選ぶ気になれない職業もあるだろう。また、あなたにぴったりの仕事だといわれて、あらためて自分を見なおすということもあるかもしれない。自分で選ぶという決断の主体性ゆえに、自分と向き合う姿勢も主体的なものにならざるをえないのだ。

そういうふうに自分と向き合い、みずから自分の進路を決定する――その試み自体を人間的に価値のあるものと考えるのが、近代社会の人間観である。くりかえしいえば、個人の自由、個人の自立、個人の主体性を㋔ソンチョウするという人権思想は、そういう人間観に支えられて広く人びとに受けいれられるようになったのだ。それぞれの人生に自分というものがつらぬかれていることをもって人間らしい生きかただとする人生観、とも、それはいうことができる。

とはいえ、過去・現在・未来に相わたる自分と向き合い、みずから自分の職種や職場を決定したからといって、その決断がいい結果を――たとえば、将来のしあわせとか生活の安定とかを――もたらすかどうかは、また別の問題である。十代や二十代の若者の経験や知識や観察眼を考えれば、決断が不合理な面や非現実的な要素をふくむことは十分に考えられる。なかには、不幸や不安定の生活しかもたらさない大失敗の決断もあっておかしくはない。当人もやがて失敗に気づき、その職場を去って、あらたな職の選択に向かうこともあろう。

が、決断が不幸や不安定しかもたらさなかったとしても、あるいは、当人までがその失敗を認めざるをえない決断だったとしても、職を選ぶに当たって自分と真剣に向き合い、みずから決断を下すという試みは、人間的に価値のあるものであることに変わりがない。不幸や不安定や失敗を避けるために、自分を放棄し、他人の、あるいは、なんらかの㋕ケンイの、いいなりになるわけにはいかない。②人生のさまざまな局面で自分をつらぬくことのほうが、不幸や不安定や失敗を避けることよりも、根本的な事柄なのだ。

（長谷川宏『高校生のための哲学入門』ちくま新書より）

問一 ～～～㋐「交錯」・㋑「ツギ」・㋒「ヨウイ」・㋓「抑制」・㋔「ソンチョウ」・㋕「ケンイ」のカタカナは漢字に直し、漢字は読みをひらがなで書きなさい。

問二 （Ⅰ）・（Ⅱ）に入る語句の組み合わせとして最も適切なものを次のア～エの中から選び、記号で答えなさい。

ア （Ⅰ）具体 （Ⅱ）抽象
イ （Ⅰ）客観 （Ⅱ）主体
ウ （Ⅰ）個別 （Ⅱ）総合
エ （Ⅰ）身体 （Ⅱ）精神

問三 ――①「望みは、どちらかといえば現在から未来へとむかう自分に、適性は、逆に現在から過去へとつながる自分にかかわる」について、後の各問いに答えなさい。

1 この内容の説明として最も適切なものを次のア～エの中から選び、記号で答えなさい。

ア 「望み」は過去と向き合うことで生まれるものであり、「適性」は未来において決断を下す際に必要なものである。
イ 「望み」は未来に向けて自分の姿を考えることであり、「適性」は過去の自分を振り返って見きわめるものである。
ウ 「望み」は過去の反省をもとにつくられるものであり、「適性」は未来の自分の可能性を見きわめることである。
エ 「望み」は他者の助言で未来を考えることであり、「適性」は他者の過去の体験を学んで身につくものである。

2 傍線中にある「適性」と同じ意味の語を、文中から漢字二字で抜き出しなさい。

問四 ――②「自分をつらぬくことのほうが、不幸や不安定や失敗を避けることよりも、根本的な事柄なのだ」とあるが、筆者がこのように述べる根拠となった人間観とはどのようなものか。「価値」ということばを用いて、五十字程度で説明しなさい。

二

次の文章を読んで、あとの各問いに答えなさい。

曙《あけぼの》第二中学校の放送部には、部員は※みさとを含めた三年生が二人しかおらず、放送部は存続の危機にあった。転校生の※真野《まの》葉月《はづき》など新たに三人の入部を得て、「お昼の放送」など活動の幅が大きく広がった放送部は、「中学校放送コンクール地区大会」に出場することにした。次の文章は、前の中学校で葉月が参加した放送コンクール「朗読部門」の作品を、みさとが聴《き》いている場面である。葉月は「ラジオ番組部門」において、作品の製作にも関わっていた。

お詫び
著作権上の都合により、文章は掲載しておりません。
ご不便をおかけし、誠に申し訳ございません。
教英出版

お詫び

著作権上の都合により、文章は掲載しておりません。

ご不便をおかけし、誠に申し訳ございません。

教英出版

お詫び

著作権上の都合により、文章は掲載しておりません。
ご不便をおかけし、誠に申し訳ございません。

教英出版

お詫び

著作権上の都合により、文章は掲載しておりません。
ご不便をおかけし、誠に申し訳ございません。

教英出版

（市川朔久子『ＡＢＣ！　曙第二中学校放送部』より）

※みさと…本庄みさと。曙第二中学校放送部の三年生。副部長を務める。

※真野葉月…四月に曙第二中学校に転校してきた放送部の三年生。前の学校で放送部に所属していた。

※古場…古場和人《かずと》。曙第二中学校放送部の三年生。部長を務める。

※アドバイザー…葉月は放送コンクール出場の実績を買われ、放送部部員の技術指導などにあたっていた。

問一　～～～㋐「スベり」・㋑「キンキョウ」・㋒「蔑まれて」・㋓「手柄」・㋔「ススめられて」のカタカナは漢字に直し、漢字は読みをひらがなで書きなさい。

問二　［Ａ］・［Ｂ］に入る最も適切なことばを次のア～エの中からそれぞれ選び、記号で答えなさい。

［Ａ］
ア　あまのじゃく
イ　ひっこみ思案
ウ　負けず嫌い
エ　自由奔放

［Ｂ］
ア　朗々と
イ　揚々と
ウ　淡々と
エ　着々と

問三　――①「気づいたときにははずかしさで死にそうになった」とあるが、葉月はどのようなことに気づいたというのか。五十字以内で説明しなさい。

問四　――②「胸が痛くなった」とあるが、みさとがこのように感じた理由として最も適切なものを次のア～エの中から選び、記号で答えなさい。

ア　葉月が友人に一方的に非難されたことが気の毒に思えたから。

イ　葉月が辛い気持ちを押しころしているように感じられたから。

ウ　葉月の話が自分に向けられた言葉のように思えて傷ついたから。

エ　葉月の辛い気持ちを誰にも言えずにいることが悲しかったから。

問五　宮沢賢治の作品を次のア～オの中から二つ選び、記号で答えなさい。

ア　注文の多い料理店　　イ　高瀬舟　　ウ　三四郎　　エ　銀河鉄道の夜　　オ　蜘蛛《くも》の糸

三

次の文章を読んで、あとの各問いに答えなさい。

ある時、都の鼠《ねずみ》、片田舎《かたゐなか》に下り侍《はべ》りける《下りました。》。田舎の鼠ども、①これをいつきかしづくこと限りなし。これによつて、田舎の鼠を召《め》し具《ぐ》して《引き連れて》※上洛《しやうらく》す。しかもその住所は《住まいは、》、都の※有徳者《うとくしや》の蔵《くら》にてなんありける。かるが故に《こういうわけで、》、食物足《た》つて乏《とも》しきことなし。都の鼠申しけるは、「※上方《かみがた》にはかくなん②いみじきことのみおはすれば《ばかりがありますので、》、いやしき田舎に住みならひて《まずしい田舎に住みなれて、》、何にかはしたまふべき《どうしようもないだろう。》」など語り慰《なぐさ》む《気楽に話している》ところに、家主《いへぬし》、蔵に用あることあつて、にはかに戸を開く。（　Ⅰ　）の鼠はもとより※案内者なれば、我が穴に逃げ入りぬ。（　Ⅱ　）の鼠はもとより無案内のことなれば、あわて騒ぎて隠れところもなく、からうじて《やっとのことで》命ばかり助かりける。その後、田舎の鼠、参会して《(都の鼠に)出会って、》、このよし語るやう、「※御辺《ごへん》は都をいみじきことのみありとのたまへど《おっしゃったが、》、③ただ今の気づかひ、一《いち》夜白髪《やはくはつ》といひつべく候《さうら》ふ《ときっと言うことができます》。田舎にては事足らぬことも侍れども、かかる気づかひなし」となん申しける。

（『伊曾保物語』より）

※上洛…都へ上ること。上京。
※有徳者…裕福な人。金持ち。
※上方…都のこと。
※案内者…事情をよく知る人。
※御辺…あなた。

問一 ＝＝＝「ならひて」を現代仮名遣いに直しなさい。

問二（ Ⅰ ）・（ Ⅱ ）に入る語句の組み合わせとして最も適切なものを次のア～エの中から選び、記号で答えなさい。

ア（ Ⅰ ）都　（ Ⅱ ）田舎
イ（ Ⅰ ）都　（ Ⅱ ）都
ウ（ Ⅰ ）田舎　（ Ⅱ ）都
エ（ Ⅰ ）田舎　（ Ⅱ ）田舎

問三 ───①「これをいつきかしづくこと限りなし」の現代語訳として最も適切なものを、次のア～エの中から選び、記号で答えなさい。

ア 田舎の鼠を、毎日のように盛大にもてなした。
イ 田舎の鼠を、ことごとく家来にしてしまった。
ウ 都の鼠を、この上なくひどくばかにした。
エ 都の鼠を、この上なく大切にもてなした。

問四 ───②「いみじきこと」とは「すばらしいこと」という意味であるが、その内容を具体的に述べた部分を、本文中から十字程度で抜き出しなさい。

問五 ───③「ただ今の気づかひ」とあるが、これは田舎の鼠たちの、どのような思いのことか。最も適切なものを次のア～エの中から選び、記号で答えなさい。

ア 都の鼠が家主と共に自分たちを捕らえたことに対する不満。
イ 慣れない土地で命が危険にさらされることに対する恐怖。
ウ 都の鼠が裕福な暮らしをさせてくれたことに対する感謝。
エ 都での何不自由ない暮らしになじめないことに対する落胆。

前期

令和５年度

佐賀学園高等学校
普通科・情報処理科・商業科
入学試験問題

数学

(50分)

（注　意）

1.「始め」の合図があるまでは，開いてはいけません。

2.「始め」の合図があったら，まず，解答用紙に受験番号を書きなさい。

3. 問題は全部で５題で，表紙を除いて６ページです。

4. 答えはすべて解答用紙に書きなさい。

5. 円周率はπとしなさい。また，$\sqrt{\ }$の中はできるだけ簡単な数にしなさい。

6. 図はかならずしも正確ではありません。

7. 分数は，これ以上約分できない形にしておきなさい。分母は$\sqrt{\ }$をふくまない形にしなさい。

8. 分度器，計算機は使用してはいけません。

9. 質問があったら，黙って手をあげなさい。

10.「やめ」の合図で鉛筆をおきなさい。

1 次の各問いに答えなさい。

(1) 次の計算をしなさい。

① $-11-17$

② $-\frac{4}{5}\div 10$

③ $0.6\times\{8-(3-5)^2\}$

④ $10a-7(2a-8)$

⑤ $\sqrt{54}\div\sqrt{12}\div(-\sqrt{6})$

⑥ $\frac{2x-3y}{4}+\frac{-4x+9y}{12}$

(2) $(3x+2)^2$を展開しなさい。

(3) x^2-16y^2を因数分解しなさい。

(4) 二次方程式 $2x^2-5x+1=0$を解きなさい。

(5) 関数 $y=-2x+3$について，次の**ア**〜**オ**の中から正しいものをすべて選び，記号で答えなさい。

ア グラフは直線である。
イ 切片は-2である。
ウ $x=4$のとき，$y=5$である。
エ xの増加量が3のとき，yの増加量は-6である。
オ $x>0$のとき，$y<0$である。

(6) 右の図は，ある立体の投影図である。この立体の体積を求めなさい。

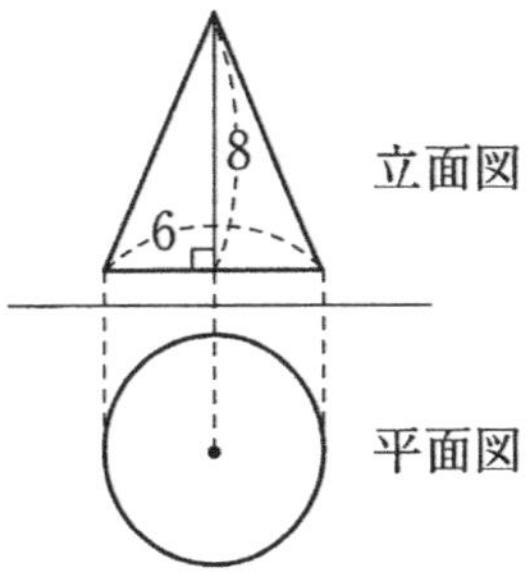

(7) A，B，C，Dの4人がリレーに出場する。第1走者から第4走者までの走る順番をくじで決めるとき，Aが第2走者になる確率を求めなさい。

(8) 次の箱ひげ図は，ある中学校の陸上部に所属するAさん，Bさん，Cさんの3人が1ヵ月間，毎日行った砲丸投げの記録をまとめたものである。

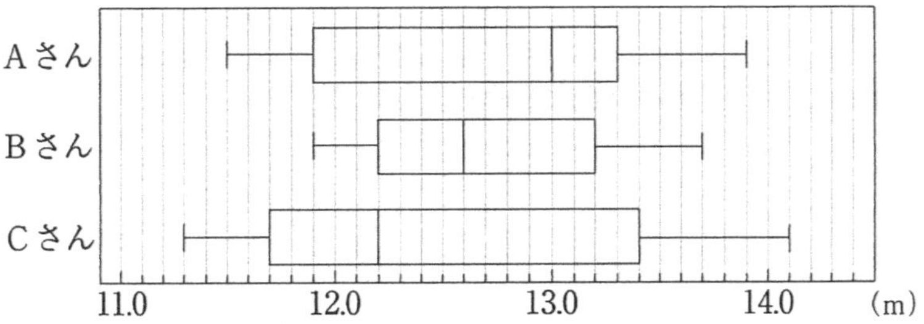

来月，陸上の県大会があり，3人のうち1人をエントリーする。先生は，この記録をもとに誰を代表の選手にするか検討し，Aさんを代表に選ぶことにした。その理由としてもっとも適当なものを下の**ア**～**エ**の中から1つ選び，記号で答えなさい。

ア 記録にばらつきはあるが，最大値が3人の中でもっとも大きく，自己ベストが一番良いから
イ 四分位範囲がもっとも小さく，安定した記録が期待できるから
ウ 13.0 m 以上の記録がもっとも多いから
エ 12.0 m 未満の記録がもっとも少なく，あまりミスをしない選手だから

2 次の各問いに答えなさい。

(1) ある数 x の3倍から8を引くと28になった。このとき，ある数 x を求めなさい。

(2) 100円硬貨は1枚4.8 g，500円硬貨は1枚7 gの重さがある。100円硬貨と500円硬貨の合計が60枚，総重量が336.4 gのとき，次の各問いに答えなさい。

① 100円硬貨の枚数を x 枚，500円硬貨の枚数を y 枚として，連立方程式を次のようにつくった。下の**ア**，**イ**をうめなさい。

$$\begin{cases} x + y = \boxed{\quad ア \quad} \\ \boxed{\quad イ \quad} = 336.4 \end{cases}$$

② 100円硬貨と500円硬貨の枚数をそれぞれ求めなさい。

③ 合計金額を求めなさい。

3 　右の図のように，関数 $y = ax^2$ のグラフ上に点A，関数 $y = -\dfrac{1}{2}x^2$ のグラフ上に点Bがある。点Aの座標が（-2，4），点Bの x 座標が2のとき，次の各問いに答えなさい。

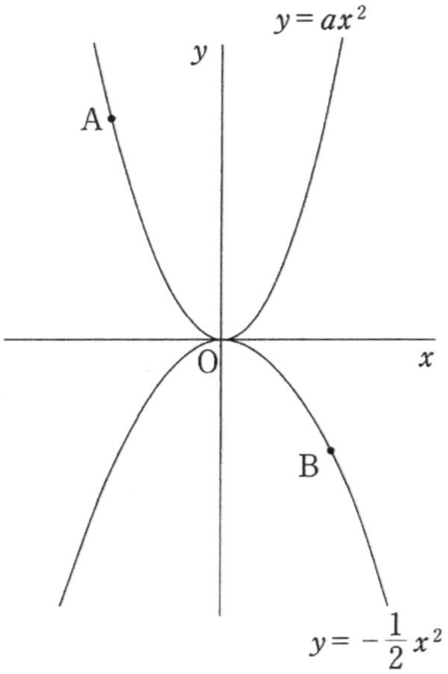

(1)　a の値を求めなさい。

(2)　点Bの座標を求めなさい。

(3)　直線ABの式を求めなさい。

(4)　△OABの面積を求めなさい。

(5)　関数 $y = -\dfrac{1}{2}x^2$ のグラフ上に点Cをとる。△OABと△ABCの面積が等しいとき，点Cの座標を求めなさい。ただし，点Cの x 座標は正とする。

4 右の図のように，円周上に点A，B，C，Dがあり，ACとBDの交点をEとする。AB = AD，BC = 5，CD = 2のとき，次の各問いに答えなさい。

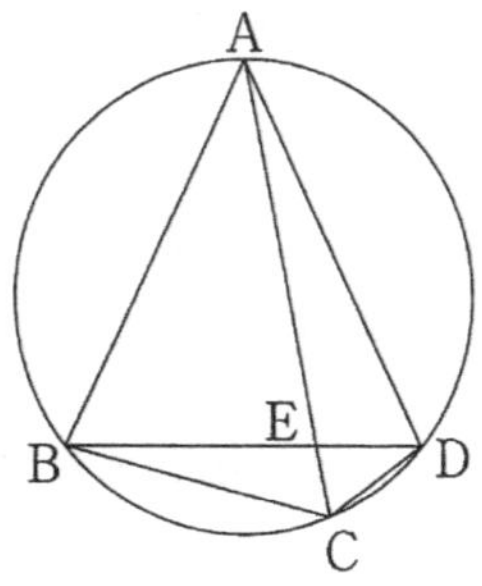

(1) △ACD∽△ADEであることを次のように証明した。
下の［ア］～［エ］に適する言葉や記号をかき，証明を完成させなさい。

【証明】

△ACDと△ADEにおいて
共通な角より
∠CAD = ∠DAE ……①
AB = ADより，△ABDは［ア］三角形であるから
∠ABD = ∠ADB ……②
$\overset{\frown}{AD}$に対する円周角より
∠ABD = ∠［イ］……③
②，③より
∠［ウ］= ∠ADE ……④
①，④より
［エ］から
△ACD∽△ADE

(2) ∠ABD = 68°のとき，∠BCDの大きさを求めなさい。

(3) BD = 6，AC = 7のとき，AD，AEの長さを求めなさい。

5　下の**図1**のように，縦30 cm，横20 cmのプリントを画びょうを使って左から横1列に掲示していく。プリントの四隅を1個ずつ画びょうでとめていくが，使う画びょうの個数を減らすため，隣どうしのプリントを1 cm重ねて画びょうでとめることにした。掲示できるスペースの横の長さが5 mであるとき，次の各問いに答えなさい。

図1

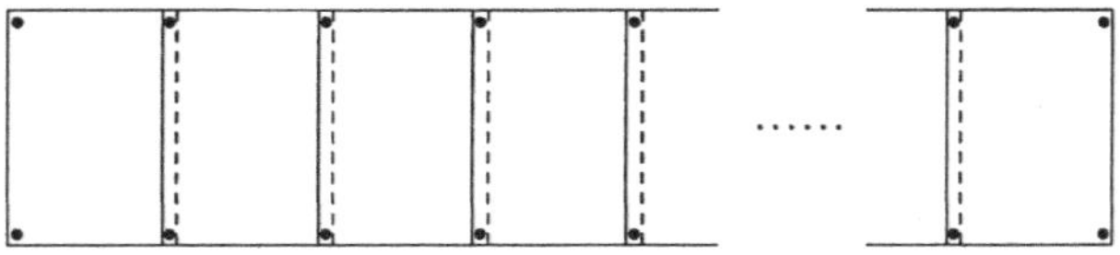

(1)　プリントを9枚掲示したとき，掲示に使ったスペースの横の長さを求めなさい。

(2)　プリントをn枚掲示したとき，掲示に使ったスペースの横の長さをnを用いて表しなさい。

(3)　プリントを13枚掲示したとき，使った画びょうの個数を求めなさい。

(4)　プリントが全部で122枚あり，横1列だけでは掲示できなくなったので，**図2**のように，下にも1 cmずつ重ねて掲示することにした。

図2

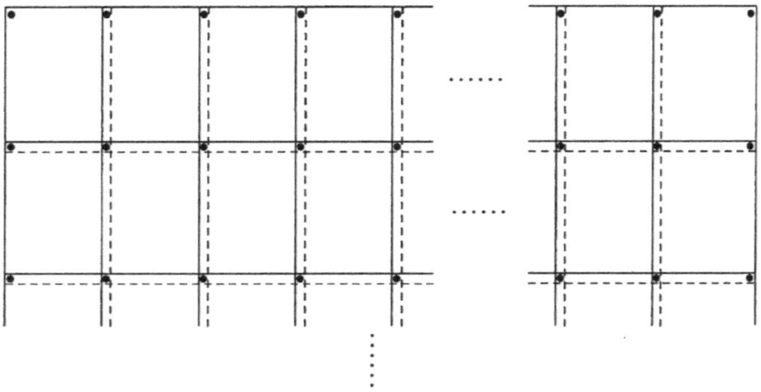

このとき，使った画びょうの個数を求めなさい。

K 教英出版

前期

令和５年度

佐 賀 学 園 高 等 学 校

普通科・情報処理科・商業科

入 学 試 験 問 題

英　　語

（50分）

（注　　意）

1.「始め」の合図があるまでは，開いてはいけません。

2.「始め」の合図があったら，まず，解答用紙に受験番号を書きなさい。

3．問題は全部で７問で，表紙を除いて８ページです。

4．最初に，1 の「放送による聞き取りテスト」を行います。

5．答えはすべて解答用紙に書きなさい。

6．質問があったら，黙って手をあげなさい。

7.「やめ」の合図で鉛筆をおきなさい。

1　放送による聞き取りテスト

※音声は収録しておりません（放送原稿は特別進学コースと共通）

問１　答えは，それぞれ**ア**～**ウ**の中から１つ選び，記号を書きなさい。

(1)　（**ア**，**イ**，**ウ**）　　(2)　（**ア**，**イ**，**ウ**）

問２　答えは，それぞれ**ア**～**エ**の中から１つ選び，記号を書きなさい。

(1)

ア

イ

ウ

エ

(2)

ア

イ

ウ

エ

問３　答えは，それぞれ**ア**～**エ**の中から１つ選び，記号を書きなさい。

(1)　**ア**　Japanese
　　イ　Italian
　　ウ　Chinese
　　エ　French

(2)　**ア**　He was busy.
　　イ　He watched a baseball game.
　　ウ　He doesn't have a TV.
　　エ　He doesn't like sports.

(3)　**ア**　25
　　イ　35
　　ウ　45
　　エ　55

問4　答えは，それぞれ**ア**〜**エ**の中から１つ選び，記号を書きなさい。

(1)　**ア**　At home.
　　イ　At junior high school.
　　ウ　At high school.
　　エ　At college.

(2)　**ア**　Yes, he is.
　　イ　Yes, she is.
　　ウ　Yes, they are.
　　エ　Yes, we are.

(3)　**ア**　Yes, she does.
　　イ　No, she doesn't.
　　ウ　Yes, she did.
　　エ　No, she didn't.

2 次の１～５のＡ，Ｂの対話が成り立つように，（　　　）内のア～エの中からそれぞれ１つ選び，記号を書きなさい。

1 A：May I（ア go　イ give　ウ have　エ come）your name, please?
B：My name is Bob Brown. I'm a junior high school student.

2 A：What would you like to drink?
B：I'd like to drink a（ア cup　イ piece　ウ kind　エ ball）of coffee because I'm very sleepy.

3 A：How（ア far　イ long　ウ many　エ much）students are there in your school?
B：There are about 800 students.

4 A：I wonder how I can get to the nearest bank.
B：Go two blocks along this street,（ア but　イ and　ウ so エ or）you'll find it on your right soon.

5 A：How long have you known Akira? He is one of your friends, isn't he?
B：Yes, he is. We have known each（ア one　イ other　ウ another　エ others）for eight years.

3 次の１～５のＡ，Ｂの対話が成り立つように，文中の（　　　）の中にそれぞれ最も適切な１語を英語で書きなさい。ただし，解答はすべて（　　　）内に指示された文字で書き始めること。

1 A：What is Mike doing over there?
B：Oh, he is playing tennis. He is very（g　　　）at tennis.

2 A：I want to be an office worker in the future. How about you?
B：I want to become a professional baseball（p　　　）like Shohei Otani.

3 A：What's wrong? You look pale.
B：I（c　　　）a cold yesterday and have a bad headache now.

4 A：Hello.（T　　　）is Bob speaking. May I speak to Mike?
B：I'm sorry he is out now. May I take a message?

5 A：I hear you visited your grandmother during the summer vacation. How was it?
B：It was great. She lives by the sea, so we went（s　　　）every day.

4　次の１～３の日本文に合うように，［　　　］内の語（句）を並べかえなさい。

1　私は兄ほど背が高くありません。
I'm [as / my brother / tall / not / as].

2　彼は最終列車に間に合うでしょう。
He [be able to / catch / will / train / the last].

3　映画に行ったらどうですか。
How [movies / going / about / the / to]?

5　佐賀県在住の中学生の彰人（Akito）は，今年の夏休みに交換留学でオーストラリアを訪問し，ホームステイをしました。次の英文は，彰人が初めてホストファミリーに会った時に，写真を見せながら英語で自己紹介をしている場面の一部です。写真を参考にして，（　1　），（　2　）に入る英語を書きなさい。ただし，以下の条件を満たすこと。

＜条　件＞
・（　1　）にはアルファベットを用いて適切な語を入れること。
・（　2　）には，３語以上の英語を入れること。

Nice to meet you. My name is Akito Itoyama. I'm fifteen years old and go to junior high school in Saga, Japan. First, I'll talk about my family. Look at this picture. There are (1) people and a dog in my family. My parents are always kind to me, so I like them very much. And this is my little sister, Hanako. She is eight years old and goes to elementary school in Saga. And this is our dog, Koro. We take good care of him every day. Next, look at this picture. It is about my favorite Japanese food. Maybe, you know what it is. It is udon. I want you to try it because (　　2　　).

During this homestay, I want to become a better speaker of English, so please help me.

＜彰人が見せた２枚の写真＞

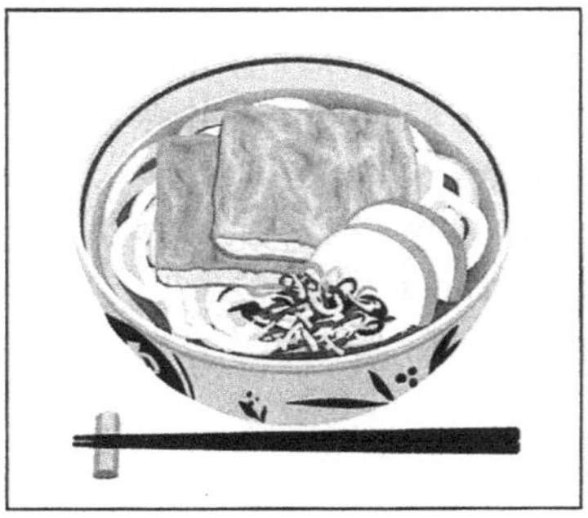

6　佐賀市内の中学校に通う15歳の彩子（Ayako）は，夏休みを利用してオーストラリアのメルボルン（Melbourne）に旅行に出かけました。

次の英文は，彩子が初日に現地で経験した出来事と，それに関するホストファミリーとのやり取りを，日本にいる友人のメアリー（Mary）に報告している電子メールの文面です。

英文を読んで，あとの各問いに答えなさい。

＜メルボルン中央駅＞

August 3rd, 2022

Hi, Mary!

It's been a week since I came to Melbourne. I am enjoying my *summer vacation here. Today I am going to write about something strange that I *experienced on the first day in Melbourne.

[　　　　　　　　] along the street in front of Central Station, a *stranger came up to me and said, "Hi, I want to go to Melbourne Zoo and see cute koalas, but I don't know how to get there. Would you please tell me how to get there?" I said to him, "I'm very sorry, but I don't know because I came to this country seven hours ago and this is my first time to visit here." He said, "Oh, I thought you were an Australian. It was my *mistake. Okay, I'll ask another person. Thanks, anyway." And he went away. At that time, I said to myself, "There are a lot of people around me and *moreover I'm Japanese. Why did he ask me such a question?"

That evening, at the dinner table with my *host family, I talked about this strange experience. My host mother said, "You know, Australia *became independent in 1901. Since then, it has been welcoming a lot of *immigrants from *Asian countries. Melbourne is now an international city. So even Australians can sometimes see no differences between Australian people and people from other Asian countries."

I was pleased with this idea and I felt happy to be in an international city like Melbourne because I can also learn a lot about different cultures at the same time.

My summer vacation will *be over in about a month. After that, I will go back to Japan with a lot of *memories. I'm looking forward to seeing you and talking to you about them.

Your friend,

Ayako

（注）　*summer vacation　夏休み　　*experienced＜experience（～を経験する）の過去形
*stranger　見知らぬ人　　*mistake　間違い　　*moreover　更に（その上）
*host family　ホストファミリー　　*became independent　独立した
*immigrants　移民　　*Asian　アジアの　　*be over　～が終わる
*memories　思い出

令和五年度　佐賀学園高等学校
普通科・情報処理科・商業科　入学試験解答用紙

前期　国語

一

問一
㋐
㋑
㋒
ぎ
㋓
㋔
㋕

問二

問三
1
2

問四
50

問一．　1点×6
問二．　2点
問三．　1．　3点
　　　　2．　2点
問四．　7点

受験番号

得　　点

※50点満点

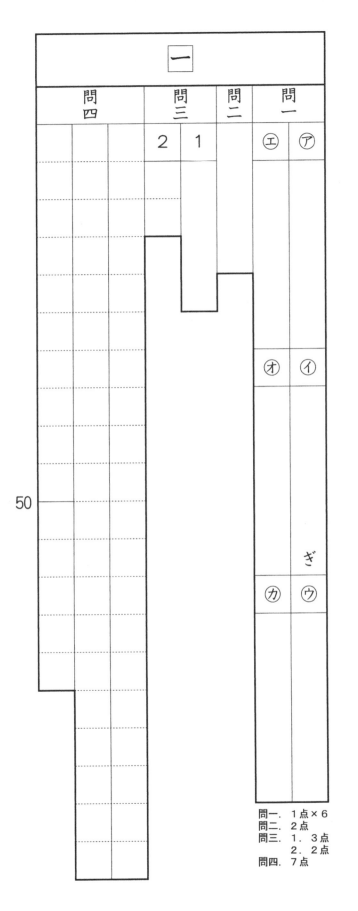

(6)	
(7)	
(8)	

2

(1) 1点
(2)① 1点×2
② 1点×2
③ 2点

(1)			
(2)	①	ア	
		イ	
	②	100円硬貨	枚
		500円硬貨	枚
	③		円

(2)	∠BCD＝　　　°
(3)	AD＝
	AE＝

5

(1) 1点
(2) 2点
(3) 2点
(4) 2点

(1)	cm
(2)	
(3)	個
(4)	個

受験番号

得　点

※50点満点

1	
2	
3	

2点×3

7

1．1点
2．1点
3．2点
4．2点
5．2点
6．2点
7．2点×2

1		
2		
3	「一昨日，［　　　］ということ。」	
4		
5		
6		
7		

受験番号	得　　点

※50点満点

令和5年度
普通科・情報処理科・商業科　入学試験英語解答用紙

1
1点×10

問1	(1)	
	(2)	
問2	(1)	
	(2)	
問3	(1)	
	(2)	
	(3)	
問4	(1)	
	(2)	
	(3)	

2
1点×5

1		2		3		4		5	

3
1点×5

1		2		3		4		5	

4
2点×3

1	I'm [　　　　　　　　　　　　].
2	He [　　　　　　　　　　　　].
3	How [　　　　　　　　　　　　]?

5
2点×2

1		2	

【解答】

令和5年度
普通科・情報処理科・商業科　入学試験数学解答用紙

1

(1) 1点×6
(2) 1点
(3) 1点
(4) 2点
(5) 2点
(6) 2点
(7) 2点
(8) 2点

(1)	①	
	②	
	③	
	④	
	⑤	
	⑥	
(2)		
(3)		
(4)		$x =$

3

(1) 1点
(2) 1点
(3) 2点
(4) 2点
(5) 2点

(1)	$a =$
(2)	B(　　　,　　　)
(3)	$y =$
(4)	
(5)	C(　　　,　　　)

4

(1) 1点×4
(2) 2点
(3) 2点×2

(1)	ア	
	イ	
	ウ	

二

問二 A B

㋓ ㋔

めら
れて

問三

問四

問五

問一
問二
問三
問四
問五

三

問一

問二

問三

問四

問五

問一．１点
問二．２点
問三．２点
問四．２点
問五．２点

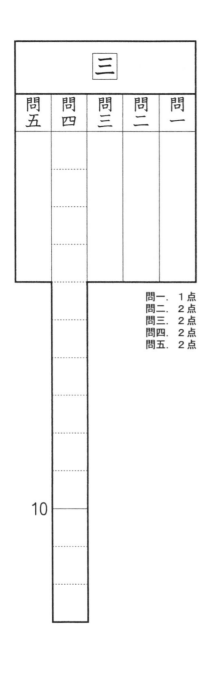

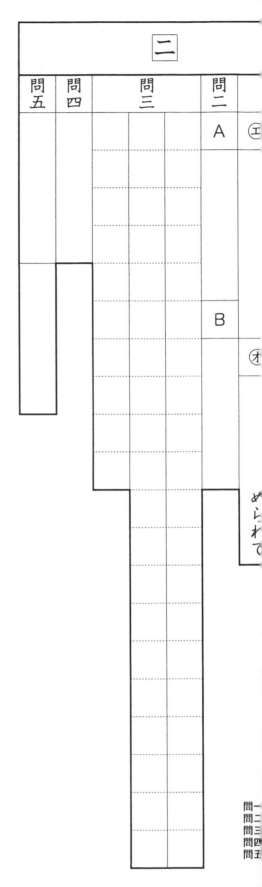

1　下線部が「私が中央駅の前の道を歩いていた時に」という意味になるように，
［　　　］内に適切な英語（４語）を入れて英文を完成させなさい。

2　彩子が駅前で会った見知らぬ人は，どこに行きたいと彩子に言っていたか。次の**ア**～**エ**の中から適切な絵を１つ選び，記号を書きなさい。

ア

イ

ウ

エ

3　本文の内容に合っているものを，**ア**～**エ**の中から１つ選び，記号を書きなさい。

ア　Ayako came to Melbourne with her family seven hours ago.
イ　A stranger asked Ayako the way to the nearest station at Melbourne Zoo.
ウ　Australia has been an independent country for more than 100 years.
エ　Ayako's host mother has never lived in Melbourne.

7　佐賀市在住の中学3年生の勇輝（Yuki）は，中学校ではゲームクリエーター部に所属し，様々な国の中学生とオンラインでつながり，情報交換をする活動をしています。
　アメリカで「War of Tsushima（ウォー・オブ・ツシマ）」というゲームが発売されて以来，頻繁に姉妹都市であるグレーンフォールズ市の中学校の生徒と情報交換を行っています。次の英文は，同年8月にグレンフォールズ中学校のマイク（Mike）と勇輝が互いに交わしたメールの一部です。
　英文を読んで，あとの各問いに答えなさい。

Mike

Hi, Yuki. [①] are you? We are all fine, thank you. By the way, the popular game "War of Tsushima" was *released in July in America. It's really a lot of fun. So, it is becoming more and more popular among all the students in my school. I think it will become *a big hit *all over America soon. Now, I am interested in [②] playing the game and learning Tsushima's history. If you can, please tell me a lot about its history. Tsushima is one of the places that I want to visit in the future.

Yuki

Hello, Mike. I'm very happy to hear that the game with Tsushima's history in it will become a big hit in America. Of course, I can always teach you about Tsushima's history. But I have ③some *sad news to tell you. Yesterday, I saw on *the news program that the day before yesterday, the biggest *typhoon of this year hit Tsushima and *caused a lot of *damage there. My parents and I are now thinking of visiting Tsushima tomorrow. I will tell you about *the current situation there.

<Two days later>

Yuki

Hi, Mike. Today, I came back from Tsushima. One of the famous shrines [④] *appear on "War of Tsushima" was *destroyed by the typhoon. The name of the shrine is "Watazumi Shrine." I took some pictures there, so I'll send one of them with this email. I was really [⑤] to see that one *shrine gate was destroyed. I want to do something.

<Watazumi Shrine>

Mike

I also want to do something for the *reconstruction of Tsushima. ⑥If I have a chance, I want to *donate some money to the shrine. If there is any information, please tell me about it.

K 教英出版

（注） *released＜release （発売する）の過去分詞　　*a big hit 大ヒット
*all over～ ～中で　*sad 悲しい　　*the news program ニュース番組
*typhoon 台風　　*caused＜cause （～を引き起こす）の過去形
*damage 被害　　*the current situation 現状　　*appear 登場する
*destroyed＜destroy （～を破壊する）の過去分詞形　*shrine gate 鳥居
*reconstruction 復興（再建）　　*donate ～を寄付する

1 [①] に入る適切な英語を下の**ア**～**ウ**の中から１つ選び，記号を書きなさい。

ア Where
イ How
ウ What

2 [②] に入る適切な英語を下の**ア**～**ウ**の中から１つ選び，記号を書きなさい。

ア only
イ between
ウ both

3 下線部③の内容を日本語でまとめると次のようになる。[　　　] 内に入る適切な日本語を書きなさい。

「一昨日，[　　　　　　　　　　　　　　　　　] ということ。」

4 [④] に入る適切な単語（１語）を解答欄に書きなさい。ただし，解答は（w　　）で書き始めること。

5 [⑤] に入る適切な英語を下の**ア**～**ウ**の中から１つ選び，記号を書きなさい。

ア surprised
イ happy
ウ interesting

6 下線部⑥の英語を日本語に直しなさい。

7 次の**ア**～**オ**の中から，本文の内容に合っているものを２つ選び，記号を書きなさい。

ア Yuki and Mike go to the same school in America.
イ "War of Tsushima" is known to many students in Mike's school now.
ウ Yuki created "War of Tsushima" with Mike in Japan.
エ Yuki didn't go to Tsushima with his family.
オ Yuki was able to take some pictures when he visited Tsushima.

(注) *age of adulthood　成人年齢　　*credit card　クレジットカード　　*permission 許可
*the rights to vote　投票権　　*candidate　候補者　　*alcohol　アルコール
*unhealthy　不健康な　　*laws　法律　　*from state to state　州によって
*standards　基準　　*politics　政治
*involved＜involve （～を参加させる）の過去分詞形
*voting rate　投票率　　*lives＜lifeの複数形　　*tend to～　～しがちだ
*responsibility　責任

ア	many young people won't vote after they are taught politics
イ	learning about politics is to give them confidence to vote and think about the future of their country
ウ	there is a risk of spending too much money
エ	the Japanese government wants more young people to vote
オ	people have the right to vote from 18 years old
カ	some high school students can drive to school

7 次の英文は，中学３年生の亮太（Ryota）が携帯電話の使用に関して調査を行い，その後に友人や親に聞き取ったことと自分の意見をまとめたものです。英文を読んで，あとの各問いに答えなさい。

These days, many students have their own cellphones. We have to think about how to use them. Cellphones are very useful. We use them for many different purposes, such [A] making calls, sending email, watching movies and taking photos. So, I wanted to know how students in our school use their cellphones. ①I [spent / them / they / asked / what] the most time on when they used their cellphones. This graph shows the research results.

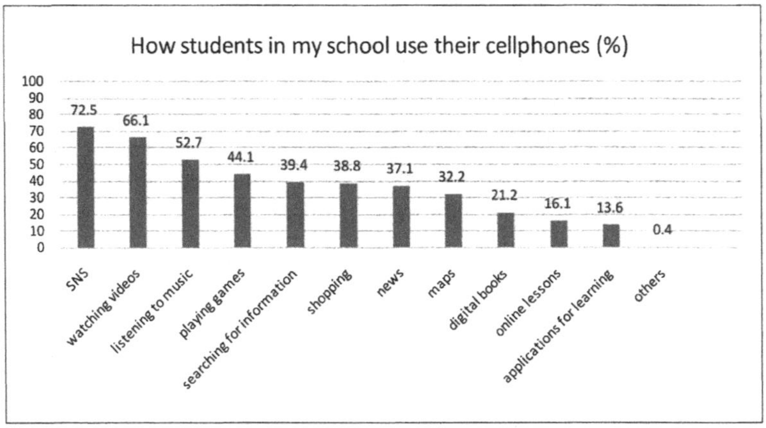

I learned that many students use the Internet, especially to use SNS or to watch videos on their cellphones. After the research, I asked some students what they think about having cellphones when they are junior high school students.

Kaito is [B] the opinion that junior high school students should have cellphones.

Kaito：

First, I think we can communicate with many people by using cellphones. We can easily send messages to friends when there is no school. These days, we don't have many chances to talk with neighbors or join *community activities. Also, we don't have many chances to make new friends. According to the research, many students use SNS on their cellphones. So, we can *post information and pictures about our interests or opinions on SNS. As a result, we can make new friends.

Second, students can get skills to solve problems by themselves. We can look for information on the Internet with our cellphones. ②We [find / can try / ways / solve / to / to] our problems or things which we don't understand. These skills will help us study at university in the future.

Kate is against the opinion that junior high school students should have cellphones.

Kate：

First, SNS and the Internet are very useful, but they can also be dangerous. Students can easily post many things, but someone can get their *personal information and use the information for some *crimes. Also, there is a *possibility that friends would *misunderstand their post and lead to friendship troubles.

Second, there is a health problem. Students may use the Internet for SNS, watching videos and playing games. They may not get enough sleep. They aren't able to focus on school or can easily get sick. ③There is a study that shows using the Internet too much is one of the reasons for low grades at school.

I asked my mother if children should havc their own cellphones.

Ryota's mother：

I think it is good for parents and children [　C　] cellphones. Many students have club activities or go to *cram schools after school. They come home late every day. So, parents are worried about where their children are or what time they will come back home. By using cellphones, we can call our children and check where they are with GPS. Also, cellphones can help children study. There are ④many applications for learning and online lessons. When they can't understand lessons at school, they can study the lessons again at home with them or they can study things which they are interested in.

There are both *positive and *negative points about using cellphones among junior high school students. I think we should use cellphones in class and learn when and how to use the Internet on cellphones. If teachers teach ⑤that, students can use cellphones *properly. And, parents and students should talk and make rules together for using cellphones and decide how long they can use them or what they can use them for. We can't live [　D　] cellphones, so we should learn how to use them.

(注) *community activity　地域活動　　*post　～を投稿する
*personal information　個人情報　　*crimes　犯罪　　*possibility　可能性
*misunderstand　～を誤解する　　*cram schools　塾　　*positive　肯定的な
*negative　否定的な　　*properly　適切に

1　[　A　], [　D　] に入る最も適切な前置詞をそれぞれ1語ずつ書きなさい。

2　[　B　] と [　C　] に入る英語の組み合わせとして，最も適切なものを**ア**～**エ**の中から1つ選び，記号を書きなさい。

ア　[　B　] for　[　C　] have　　**イ**　[　B　] against　[　C　] having
ウ　[　B　] for　[　C　] to have　　**エ**　[　B　] against　[　C　] had

3　下線部①，②の [　　] 内の語（句）を意味が通るように並べかえなさい。解答欄には [　　] 内の語句のみを書きなさい。

4　下線部③を日本語に訳すと次のようになる。[　a　] ～ [　c　] に入る適切な日本語を書きなさい。

インターネットを [　　　a　　　] が学校での [　　　b　　　] ことを示す [　　　c　　　]。

5　下線部④が子どもたちにとってどのように役立つか日本語で説明しなさい。

6　下線部⑤のthatが指す内容を日本語で説明しなさい。

7　次の(1)～(3)の英文が本文の内容に合うように，(　　) に入る適切な英語を，それぞれ**ア**～**エ**の中から1つ選び，記号を書きなさい。

(1)　More than half of the students use cellphones (　　　　　　　　).
ア　to call their teachers when they are sick
イ　to study at home online by themselves
ウ　to enjoy watching videos and listening to music
エ　to know how to get to places they want to go

(2) Kate says (　　　　　　　　).

ア using cellphones can be the reason for losing friends
イ people can't get others' personal information
ウ using the Internet can make her comfortable when she sleep
エ students can't solve problems by themselves with cellphones

(3) Ryota's mother (　　　　　　　　).

ア thinks cellphones will take time from their children
イ thinks cellphones will tell them where their children are
ウ believes their children don't have to go to cram school
エ believes using the Internet will help to make rules for their family

8 本文の内容に合っているものを，**ア**～**オ**の中から２つ選び，記号を書きなさい。

ア There are more students who read books on their cellphones than students who play games in the research results.
イ Kaito says it is possible to make new friends by using cellphones.
ウ Kate thinks students can find information for their health on the Internet.
エ Ryota's mother wants children to study more at school than on the Internet.
オ Ryota thinks students should talk with their parents and make rules for using cellphones.

令和四年度

佐賀学園高等学校

成穎高等部　入学試験問題

国語

(50分)

前期

（注意）

一、「始め」の合図があるまでは、開いてはいけません。

二、「始め」の合図があったら、まず、解答用紙に受験番号を書きなさい。

三、問題は全部で四題で、表紙を除いて十四ページです。

四、答えはすべて解答用紙に書きなさい。

五、特別に指示のある場合を除き、句読点は一字として数えます。

六、質問があったら、黙って手をあげなさい。

七、「やめ」の合図で鉛筆をおきなさい。

一

次の文章を読んで、あとの各問いに答えなさい。

お詫び
著作権上の都合により、文章は掲載しておりません。
ご不便をおかけし、誠に申し訳ございません。
教英出版

お詫び
著作権上の都合により、文章は掲載しておりません。
ご不便をおかけし、誠に申し訳ございません。
教英出版

（樋渡光憲　２０２１年８月２日「佐賀新聞」より）

問一　——①「過疎地域の交通手段の確保」についてまとめた次の文章の（　Ⅰ　）、（　Ⅱ　）に、本文中から適切な語句を抜き出しなさい。

東京圏の人口増に対して地方の過疎化が急速に進む中、交通手段の確保と維持に地方は（　Ⅰ　）している。その中で様々な試みがなされているが、利用者が減少しているため（　Ⅱ　）が取れず、維持が困難になっている。

問二　——②「人口減社会への対応は今後ますます急務となる」とあるが、「交通手段の確保」以外で、どのような取り組みをするべきか。あなたの考えを、具体的に八十一字以上、百字以内で書きなさい。

（注意）原稿用紙の使い方に従って書くこと。ただし、題や名前は書かずに、一行目から本文を書くこと。

二　次の文章を読んで、あとの各問いに答えなさい。

科学化した社会の中で、さまざまな㋐コウサツを必要とする社会的な問題が浮かび上がり、全体の不確実性を考えたときに、科学者の証言は多様な証言の中のひとつではあっても、最終的な意志決定のために一〇〇パーセント活用することはできない。そのような問題が多く現れてきています。

たとえば環境にかかわる問題。花粉症が猛威を振るっているのは杉を植えすぎたからだとか、水害の防護のために河川を工事したために河口の魚類が減ったというようなことが起こると、ほらごらん、人間のやった行為が玉突き現象を起こして環境を破壊している、と非難の㋑矛先は、よく科学・技術に向けられます。環境問題を考える科学観のひとつに①そういう傾向があるのは理解できます。しかし、その原因については、科学では意見を言うことはできるけれどもジャッジはできない。

不確実性と、もうひとつは、別の「価値観」があるからです。トキの例では、トキを愛する地域住民や関係者の立場からすれば、トキが豊かに生活していた生態系が望ましいもので、絶滅しかけたのは、人間がおろかにもやってしまった㋒過ちだから元へ戻させよう、と考えます。

たとえば、クジラの問題でもそうかもしれません。捕鯨問題で日本の立場は苦しくなる一方ですが、実際にはクジラが増えすぎてイワシの㋓コタイ数が減っている、これは科学の世界ではほぼ共通認識です。もちろん国際会議でもそうです。科学以外の政治的な※ファクターにより、日本が防戦一方になるのは仕方ないことだとしても、捕鯨問題が環境問題ではないという報道がまったくなされないのは、不思議な気がします。それから、タラ。ヨーロッパのほうからアメリカ、大西洋も含めて北方の海に豊かなタラの資源はあったのですが、今は、北ではきわめて限定された資源になってしまった。乱獲が原因という説がありますが、それだけなのか。それにしては減り方がひどい、という説もあります。関係者の価値観からすれば大変なことです。

もっと言えば、温暖化について、温暖化なんてまったく嘘っぱちだということを科学的に主張する人もいます。※IPCCのなかで、温暖化を必ずしもサポートしないデータは削っておこう、という※改ざんが実際に行われたという話も伝えられました。※アル・ゴアの作った映画※『不都合な真実』にも、かなり㋔作為が入っています。

それでもやはり私たちは、温暖化に対していま対策をとることが必要だ、という立場なのです。ようやく本題に入りますが、科学者の立場としては②一〇〇パーセントこうだとはいえない。そうすると科学者の立場としてどういう表現をすればいいか。

それが、温暖化や地球環境問題、エネルギー問題などでしばしば使われる、「シナリオ」という考え方なのです。

③シナリオという言葉は、本来は自然科学の世界には絶対にありえない話です。自然科学では、原因が結果を生み、その結果が原因となって、その原因が再び結果を生み、という「原因と結果との連鎖」という形で記述が行われます。一本の糸に、途中からある条件を加えれば分かれ道もあるかもしれないけれど、分かれ道もまた一本の糸、というのが普通の科学の姿です。

しかしながら、不確実な世界での科学の予言はまず、現在の条件を全部網羅することができない。そこで、いま知っている条件はこれだけだとすれば、ここからどういう経過を辿《たど》るであろうかということに関して、幾つかの可能性を物語にします。それがシナリオです。この物語がシナリオと呼ばれる背景にはもうひとつ、環境問題などに典型的ですが、人間の行為・行動が入ってくるという点があります。人間がアクター（役者）の一つになるのです。

自然科学の「合理性」は、もともと人間の行動に対してはほとんど無力です。

たとえば、日本が温室効果ガス二五パーセント削減という目標を十年の間に実現するという前提に立ち、日本のエネルギーの需給関係から見ると実現不可能なので、では人間の経済活動をこう規制したらこうなるだろう、しかし規制が逆効果を生んだらこうなるだろう、などと、何本かのシナリオが書けるのです。

そうすると、最も楽観的なシナリオと最も悲観的なシナリオというのが、当然できる。何本かあるなかで最も悲観的なシナリオが実現してしまったら、二十年後、二十五年後に、あのときこうすればよかった、と後悔の臍《ほぞ》をかむことになります。われわれが臍をかむだけならまだしも、その次の世代、次の次の世代、もしかしたら自分にとって会うことのない子孫の時代に、地球に生きている人にとってきわめて不利な自然環境なり、エネルギー環境なりを作り出してしまったとすれば、われわれは彼らに対して道義的、倫理的な責任が生じるだろう。※トランス・サイエンスの中でも、環境問題やエネルギー問題に関しては、④このような問題意識が、今はかなり強くなってきています。

（村上陽一郎『人間にとって科学とは何か』新潮社刊より）

※　ファクター…要因

※　ＩＰＣＣ…地球温暖化に関する研究を収集・評価する国際的な組織。

※　改ざん…悪用するために、勝手に直すこと。

※　アル・ゴア…元アメリカ副大統領。

※　『不都合な真実』…アル・ゴア製作の、地球温暖化に対する警告をまとめたドキュメンタリー映画。

※　トランス・サイエンス…社会の中に見られる、科学が絡《から》んでいるけれども、科学だけでは結論が出せない広がりを持つ問題のこと。

問一　～～～㋐「コウサツ」・㋑「矛先」・㋒「過」・㋓「コタイ」・㋔「作為」のカタカナを漢字に直し、漢字は読みをひらがなで書きなさい。

問二　═══「網羅」の本文中の意味として最も適切なものを、次のア～エの中から選び、記号で答えなさい。

ア　すべてを隠すこと　　イ　くわしく調べること　　ウ　残らず集めること　　エ　社会に役立てること

問三　――①「そういう傾向」とあるが、どのような傾向か。「傾向。」と続く形で、二十五字以内で説明しなさい。

問四　――②「一〇〇パーセントこうだとはいえない」とあるが、これはどのようなことを述べているのか。最も適切なものを次のア～エの中から選び、記号で答えなさい。

ア　科学者の提案する温暖化対策では、全く問題解決にはならないということ。

イ　科学者が提唱する温暖化の原因と対策が、的確だとは限らないということ。

ウ　有効な温暖化対策を考えても、科学者は公表を許されていないということ。

エ　人々が主張する温暖化対策には、政治的な価値観が混じっているということ。

問五　――③「シナリオという言葉は、本来は自然科学の世界には絶対にありえない話」について、次の各問いに答えなさい。

(1)「シナリオ」の説明として最も適切なものを、次のア～エの中から選び、記号で答えなさい。

ア　科学者が、過去のデータを基に作成した、人間が自然環境に接する際に取り得る最善と思われる方法。

イ　科学者が、科学の便利さとそれを有効に利用しなかった人間の愚かさを指摘した、現在の人々への警告。

ウ　科学者が、科学技術の利便性や効率性を追求して描き出した、私たちを取り巻く一つの理想的な世界のあり方。

エ　科学者が、現在わかっている情報を基に予測した、将来の私たちを取り巻く世界を示した幾つかの可能性。

(2)　本来の自然科学では何を重要視していると筆者は述べているのか。本文中から九字で抜き出しなさい。

問六　――④「このような問題意識」とはどのようなことか。「という問題意識。」と続く形で、五十字以内で説明しなさい。

三

次の文章を読んで、あとの各問いに答えなさい。

伊豆諸島大島の渚台高校陸上部には、四人しか部員がいない。そのうち男子が三人、女子が一人。そこに転校してきた男子（脊尾《せお》）が入部したことで、「四継（四×百メートルリレー）」に挑戦することができるようになった。四人のメンバーはそれぞれ悩みや葛藤、熱い思いを抱きながらインターハイを目指してお互いの絆《きずな》を深めてゆく。
インターハイにつながる関東大会への出場権をかけた都大会決勝を翌日に控えた夜、予選での走りを映像で振り返っていた朝月に脊尾が話しかける。なお、脊尾は第三走者、朝月はアンカーとして出場する。

「で、話を戻すけど」
脊尾が言った。
「練習でやってないことをやるなって言ったけど、オレはそれ、逆だと思う。試合でやらないことを、おまえが練習してたんだよ」
俺は数秒ぼんやりしてから、（　Ⅰ　）。
「は？」
なに言ってんだ、こいつ。
「バトン、全力で〝もらう〟つもりだったって言うんだろ？　加速できなくてもいいから、とにかくもらうことに全力を尽くすつもりだった、って」
脊尾は、言い返そうとした俺の（　Ⅱ　）。
「けど、おまえの背中はちゃんと走ろうとしてた。オレがいけって言う前に、攻め気に走り出してた。その後ブレーキ踏みそうだったから叫んじまったけど」
俺がぐっと言葉に詰まったのは、それが事実だと自覚しているからだ。空斗《たかと》さんなら……と考えた瞬間、足が勝手に動き出していた。

「逆に訊《き》くけど、なんでブレーキ踏もうとしたんだよ」

俺は脊尾を睨《にら》みつける。

わかるだろ？　おまえも三年なら。

「だって嫌だろ！　これが最後の年なんだぞ！　最後のチャンスなんだ。バトンミス一つで終わるなんて……」

口にすると、それは思っていた以上に格好の悪い理屈だった。だけど本音だ。きっと、日本中の高校三年生が、陸上に限らず、スポーツに限らず、感じている恐怖だ。今年で最後。一走、一跳、一泳、一球、一投、一打、一奏、一描、一書、その他すべての部活動におけるありとあらゆる動作に、きっとたくさんの三年生が魂を込めている。高校一年、高校二年のときには感じなかった。だけど高校三年は……最後だと思った瞬間、急に怖くなって必死に練習しだしたりして……俺はそれを否定しない。だって俺もそうだから。

「だったら詰まってでも、確実にもらう方が絶対いい」

①俺は自分のつま先に向かって、吐き捨てるようにつぶやく。脊尾の顔なんか見られない。

「そんなふうに守って、明日の決勝勝てると思うか？」

脊尾が静かに訊いた。

②「勝てないかもな」

それは今日思った。

「でもタイムが届かなくて負けるより、バトンを落として負ける方が、俺は後悔する」

そうだろう？

そうだろう？

誰だって、そうだろう？

盛大なミスをして終わるより、それなりで終わりたいだろう？　終わりよければすべてよし、なんて言葉、終わった瞬間にはくそくらえって思うさ。けど終わるまでは、それに縋《すが》ったっていいだろう？　俺たちは、三年間を㋐ツイやしてきた。決して短くない時間を捧《ささ》げてきた。その終わりがお粗末なバトンミスだなんて、一生悪夢に見る。冗談じゃない。

「なに言ってんの、おまえ」

顔をつかまれて、上を向かされた、ような気がした。脊尾は依然はす向かいに座っている。少し身を乗り出して、俺をじっと睨んでいる。

「ふざけんな。どっちだって後悔するに決まってんだろ、そんな二択。なんでそもそもこの二択なんだ」

なんで、おまえが、怒ってんだよ。

「バトンも成功して、タイムも最高を出す。そうだろ？　それをやるべきだろ？　なんで最初からそれを目指さない？」

バトンパスの理想は、前走者が十のスピードのまま、十のスピードで走る次走者にバトンを渡すことだ。そんなの、わかってるさ。

「できねえんだよ！」

俺は喚《わめ》いた。

「できるわけ、ねえだろそんなの。俺とおまえの間に、そんな信頼関係なんかねえよ」

そうだ。遅過ぎたんだ。俺とおまえは、わかり合うのがあまりに遅過ぎた。もっと早くに、お互いを知ることができていれば……バトンパスだって、きっと、もっと――。

「おまえさァ……弱音吐くタイミングじゃねえだろ。泣いても喚いても、決勝は明日なんだぜ。明日走らなきゃなんないんだ。今の全力で、今できることをやるしかないんだ。できねえ、ってなんだよ？　違うだろ、やりたくないんだろ！　失敗が怖いから！」

俺は言い返そうと口を開く。でも言い返す言葉は見つからなかった。だって、脊尾の言っていることは正しい。失敗が怖いと、俺は今さっき、言い返そうとしているまさにこの口で、脊尾に言っちまった。

「なあ、おまえ関東行きたくないの？　言ってただろ、空斗さんに。関東行きたいんだって。憧れだったんだって。あれがおまえの本音だと思ったよ。練習も、すげえ必死にやってたし。違うのか？」

ゴールデンウィーク後半の練習日、連休で㋑キセイしていた空斗さんが練習に顔を出してくれたことがあった。確かに空斗さんに対して、絶対関東行きたいんだと言った覚えはある。あの人の手前、気概を見せないわけにもいかなかった……もちろん、見栄《みえ》だけじゃないけど。行きたいとは思っている。関東大会。かつて憧れたリレー。走れるのなら、走りたい。だけどあんなふうに、空斗さんたちみたいに走れるかといわれたら、それはノーだ。無理だ。無理だって、今日思った。

「なにごちゃごちゃ考えてるのか知らないけどさ、そんな難しいこと訊いてないだろ」

脊尾ががしがしと頭をかきながら言った。

「向いてるかどうかとか、できるかどうかとか、訊いてねえよ。おまえがどうしたいか訊いてんだよ」

俺がどうしたいか？

「どうしたいんだよ、朝月は」

脊尾にきちんと名前を呼ばれたのは、初めてだったかもしれない。

朝月渡がどうしたいのか。そんなことは、訊かれるまでもなく、ずっと同じだ。

「……勝ちたい」

本音。きちんと本音。できるかどうかじゃない。向いてるかどうかじゃない。シンプルに、俺が成し遂げたいこと。

③「勝ちたい！」

このチームで、明日の決勝、勝ちたい。優勝は無理でも、負けたくない。関東、行きたい。

脊尾がゆっくりうなずいた。

「だったら、もっとオレを信頼しろ。できなくてもしろ。そんでもってもっと引っ張れ。ちゃんと渡すから」

見知ったはずの三走は、力強い目で俺を見ていた。ギラギラとした目。夏の太陽みたいな㋒眼差しだ。最初からこんな目してたっけな？　こいつ……。

（天沢夏月『ヨンケイ!!』より）

問一 ～～～㋐「ツイ」・㋑「キセイ」・㋒「眼差」のカタカナを漢字に直し、漢字は読みをひらがなで書きなさい。

問二 （ Ⅰ ）、（ Ⅱ ）に入る語句として最も適切なものを、次のア～エの中からそれぞれ選び、記号で答えなさい。

Ⅰ　ア　目を白黒させた　イ　お茶を濁した　ウ　頭が真っ白になった　エ　目を回した

Ⅱ　ア　鼻をあかす　イ　腹を探る　ウ　反感を買う　エ　機先を制す

問三 ――①「俺は自分のつま先に向かって、吐き捨てるようにつぶやく」とあるが、これはどのようなことに対する、どのような思いか。五十字以内で説明しなさい。

問四 ――②「勝てないかもな」から③「勝ちたい！」に至るまでの、「朝月」と「脊尾」について生徒が意見を述べた。適切な意見には「○」、不適切な意見には「×」をそれぞれつけなさい。

Aさん　「勝てないかもな」と言った朝月は、最後の試合を無難に終えたいと割り切って考えていたんだね。

Bさん　脊尾はチームのことを考えない朝月にあきれ果てて、見下すような態度をとってしまっているよね。

Cさん　脊尾と話しながら、朝月は失敗を恐れる気持ちを正当化し、どんどん悲観的になっているように思えるよ。

Dさん　脊尾はそれでも朝月に根気よく話しかけて、なんとか勝ちたいという朝月の本来の思いを引き出したようだね。

Eさん　朝月は自分の本音を口にして、今の自分を乗り越えたんだね。それが「勝ちたい！」という言葉になったんだよ。

国語の問題は次のページへ続く

四

次の文章を読んで、あとの各問いに答えなさい。

今は昔、身いとわろくて過ごす女ありけり。時々来る男来たりけるに、雨に降りこめられて㋐ゐたる《とどまっているので》に、①「いかにして物を食はせん」とⓐ思ひ歎《なげ》けど、②すべき方《かた》もなし。日も暮れ方になりぬ。㋑いとほしく《自分があわれで情けなくて》いみじくて、「わが頼み奉りたる観音、助け給へ」とⓑ思ふ程に、わが親のありし世に《生きていた時に》使はれし※女従者《をんなずさ》、いときよげなる食物をⓒ持て来たり。うれしくて、㋒よろこびに取らすべき物のなかりければ、小さやかなる紅《あか》き※小袴《こばかま》を持ちたりけるを、取らせてけり。我も食ひ、人にもよくよく食はせて、寝にけり。

暁《あかつき》に男は出《い》でて往ぬ。㋓つとめて、※持仏堂《ぢぶつだう》にて、観音持ち奉りたりけるを《観音像を安置し申し上げていたのを》、見奉らんとて、※丁《ちやう》立て、据ゑ参らせたりけるを《置き申し上げていたのを》、※帷子《かたびら》ⓓ引きあけて見参らす。この女に取らせし小袴、仏の御肩にうち掛けておはしますに、いとあさまし。昨日取らせし袴なり。あはれにあさましく、おぼえなくて持て来たりし物は、③この仏の御しわざなりけり。

（『古本説話集』より）

※　女従者…女の使用人。
※　小袴…丈の短い袴。
※　持仏堂…信仰する仏像を安置する部屋。
※　丁…几帳のこと。
※　帷子…几帳などに用いて垂らす絹の布。

几帳

問一　——㋐「ゐたる」・㋑「いとほしく」を現代仮名遣いに直しなさい。

問二　〰〰ⓐ「思ひ歎け」・ⓑ「思ふ」・ⓒ「持て来たり」・ⓓ「引きあけ」のうち、主語の異なるものを一つ選び、記号で答えなさい。

問三　══㋒「よろこび」・㋓「つとめて」の本文中での意味として最も適切なものを、次のア～エの中からそれぞれ選び、記号で答えなさい。

㋒　ア　お供え物　　イ　お礼　　ウ　お祝い　　エ　おわび

㋓　ア　翌朝　　イ　夕方　　ウ　仕事のあと　　エ　努力して

問四　——①「いかにして物を食はせん」の意味として最も適切なものを、次のア～エの中から選び、記号で答えなさい。

ア　なんとかしてこの男に物を食べさせてやりたい。

イ　どうしてもこの男には物を食べさせたくない。

ウ　どうしたら女は物を食べてくれるのだろうか。

エ　どんな物を女に食べさせたらよいのだろうか。

問五　——②「すべき方もなし」とあるが、その理由を本文中から十字で抜き出しなさい。

問六　——③「この仏の御しわざ」とあるが、「仏」は何をしたというのか、十字程度で説明しなさい。

問七　この話を通して作者が伝えたかったのはどのようなことか。最も適切なものを次のア～エの中から選び、記号で答えなさい。

ア　観音様への信仰がいい加減であると、観音様は人間の姿で現れて罰を与えるものだということ。

イ　どれだけ貧しくても、親の代から仕えてくれた使用人は大切にしなければならないということ。

ウ　観音様を厚く信仰していれば、困った時に救いの手を差しのべてくれることがあるということ。

エ　自分が貧しくても、困っている人がいれば自分の食べ物を分けて助けるべきであるということ。

前期

令和４年度
佐賀学園高等学校
成穎高等部
入学試験問題

数　　　学

（50分）

（注　　意）

1．「始め」の合図があるまでは，開いてはいけません。

2．「始め」の合図があったら，まず，解答用紙に受験番号を書きなさい。

3．問題は全部で５題で，表紙を除いて６ページです。

4．答えはすべて解答用紙に書きなさい。

5．円周率はπとしなさい。また，たとえば$\sqrt{12}$のような数は$2\sqrt{3}$としなさい。

6．図はかならずしも正確ではありません。

7．分数は，これ以上約分できない形にしておきなさい。分母は$\sqrt{\ }$をふくまない形にしなさい。

8．分度器，計算機は使用してはいけません。

9．質問があったら，黙って手をあげなさい。

10．「やめ」の合図で鉛筆をおきなさい。

1 次の各問いに答えなさい。

(1) 次の計算をしなさい。

① $-3-(-2)^3\times 3$

② $\dfrac{48}{13^2-(-11)^2}$

③ $4(3x+y)-6\left(\dfrac{5}{6}x-\dfrac{4}{3}y\right)$

④ $\dfrac{(\sqrt{10}-1)^2}{5}-\dfrac{(\sqrt{6}-\sqrt{10})(\sqrt{6}+\sqrt{10})}{\sqrt{10}}$

(2) $\sqrt{13-n}$ が自然数となるような自然数 n をすべて求めなさい。

(3) $5x(x-2y)-(2x+3y)(2x-3y)$ を因数分解しなさい。

(4) 二次方程式 $-x^2+6x+12=0$ を解きなさい。

(5) 1から6までの目が出る1つのさいころを2回投げ，1回目に出た目の数を x，2回目に出た目の数を y とする。このとき，$\dfrac{3y}{x}$ が整数となる確率を求めなさい。ただし，さいころはどの目が出ることも同様に確からしいものとする。

(6) 右の図において，色の付いた部分の図形を，直線 ℓ を回転の軸として１回転させてできる立体の体積を求めなさい。

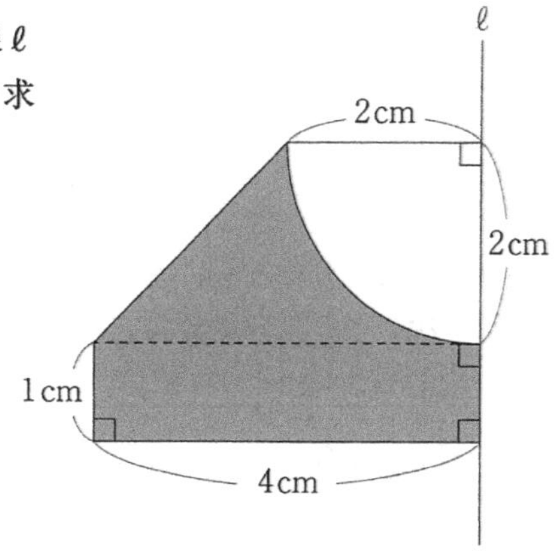

(7) 右の表は，ある市における３月の日ごとの最高気温を度数分布表にまとめたものである。この表から読み取ることができることがらとして適当なものを，次の**ア**～**オ**からすべて選び，記号で答えなさい。

ある市の３月の最高気温

階級(℃)	度数(日)
6.0 以上 8.0 未満	5
8.0 ～ 10.0	7
10.0 ～ 12.0	4
12.0 ～ 14.0	5
14.0 ～ 16.0	6
16.0 ～ 18.0	4
計	31

ア　最頻値（モード）は，9.0℃である。

イ　階級の幅は，12.0℃である。

ウ　最高気温が 14.0℃以上の日は，５日ある。

エ　16.0℃以上 18.0℃未満の階級の階級値は，16.0℃である。

オ　6.0℃以上 8.0℃未満の階級の相対度数は，0.16 より大きい。

2　xとyはともに1けたの自然数で$x>y$とする。十の位の数がxで，一の位の数がyである2けたの自然数をAとする。また，十の位の数がyで一の位の数がxである2けたの自然数をBとする。このとき，次の各問いに答えなさい。

(1)　AとBはともに各位の数の和が7で，Aから47を引いた数を5倍するとBとなるとき，次のように自然数Aを求めた。空欄**ア**～**ク**に適当な式や数を入れなさい。

A＝ア□，B＝イ□と表すことができる。
各位の数の和が7より
　$x+y=$ ウ□　……①
Aから47を引いた数を5倍するとBとなることより
　5(エ□)＝イ□
整理して
　$49x-5y=$ オ□　……②
①，②より
　$x=$ カ□，$y=$ キ□
よって　A＝ク□

(2)　$A^2-B^2=3168$となるような自然数Aをすべて求めなさい。

3　右の図のように，放物線 $y=-\frac{1}{2}x^2$ …①と直線 $y=2x-6$ …②，放物線 $y=x^2$ …③があり，①と②の交点をA，Bとする。①上の点Aと原点Oの間に点Pをとるとき，次の各問いに答えなさい。

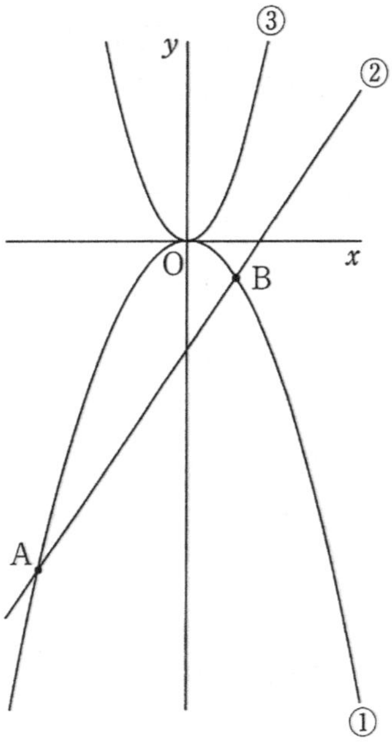

(1)　交点A，Bの座標を求めなさい。

(2)　△OABの面積を求めなさい。

(3)　△OAB = △PABとなるとき，点Pの座標を求めなさい。

(4)　原点Oと(3)で求めた点Pを通る直線が放物線③と原点O以外で交わる点をQとするとき，四角形PABQの面積を求めなさい。

4　ABを直径とする円Oがある。**図1**と**図2**は，AB = BCとなる△ABCをつくり，ACと円Oとの交点をD，BCの中点をEとした図である。このとき，次の各問いに答えなさい。

⑴　次の文章は**図1**，**図2**から気付いたことをまとめたものである。空欄**ア～オ**に適当なものを入れて文章を完成させなさい。

図1

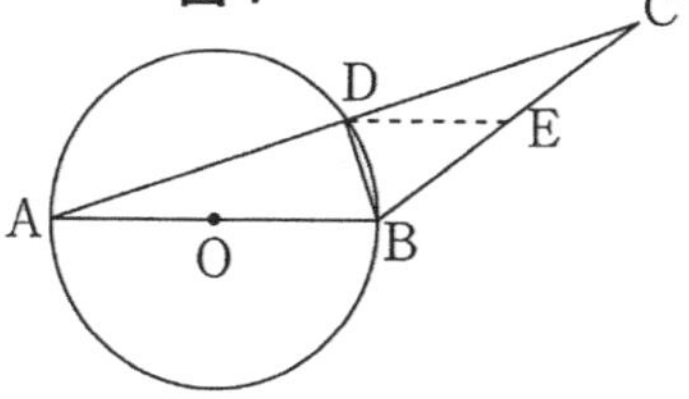

図2

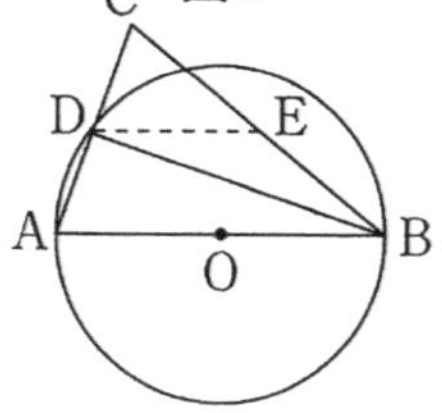

> **図1**，**図2**のようにAB = BCとなるように点Cをどこにとったとしても，点DはACの ア□ となっていることがわかった。このことは，△ イ□ と△ ウ□ で辺BDが共通な辺であり，∠ADB = 90°であるから， エ□ 三角形の合同条件の『 オ□ 等しい』を満たすことにより示すことができる。

⑵　**図1**，**図2**において，△ABCと△DECが相似であることを次のように証明した。空欄**カ～コ**に適当なものを入れ，証明を完成させなさい。

> △ABCと△DECにおいて
> 共通な角より，∠C = ∠C ……①
> ⑴より，点DはACの カ□ であり，仮定より，点EもBCの カ□ であるので， キ□ 定理より，AB // DE
> よって， ク□ は等しいので，∠CAB = ∠ ケ□ ……②
> ①，②より， コ□ 等しいので，△ABC ∽ △DEC

⑶　**図1**と**図2**を重ねて**図3**を作成した。
ただし，**図1**の点C，D，EをそれぞれC'，D'，E'とし，AC'とBDの交点をFとした。
このとき，次の各問いに答えなさい。

㋐　円Oの半径を $\frac{5}{3}$ とするとき，DE + D'E'の値を求めなさい。

㋑　∠ACB = 66°，∠AC'B = 18°とするとき，∠DFD'の大きさを求めなさい。

図3

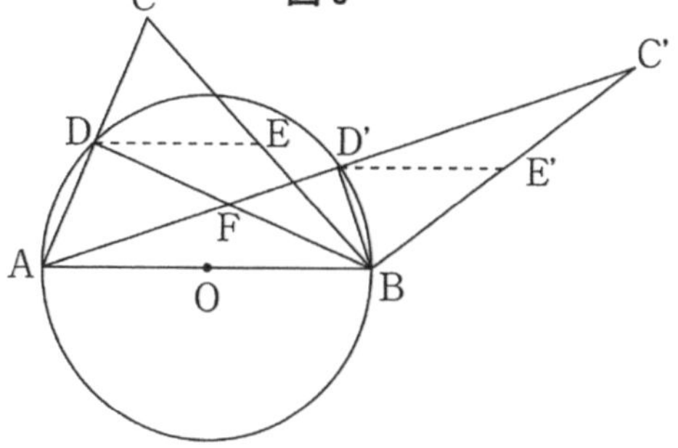

5 **図1**のような「すごろく」がある。スタートにコマを１つ置き，１つのさいころを投げる。コマの進め方は**図2**の表に示している。止まったマスに指示が書いてあればその指示にしたがってさらにコマを動かす。また，進むことができる数がゴールまでのマスの数より多いときはゴールしたものとする。このとき，次の各問いに答えなさい。ただし，さいころはどの目が出ることも同様に確からしいものとする。

図1

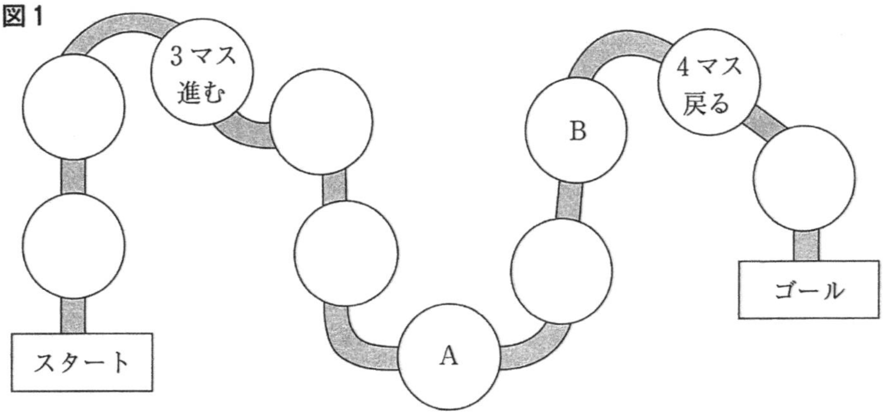

図2

さいころの目	進め方
1，2の目が出る	1マス進む
3，4の目が出る	2マス進む
5，6の目が出る	3マス進む

(1) さいころを１回投げ，コマがAのマスに止まる確率を求めなさい。

(2) さいころを３回投げ，ゴールする確率を求めなさい。

(3) さいころを３回投げ，コマがBのマスに止まる確率を求めなさい。

(4) さいころを４回投げ，ゴールする確率を求めなさい。

前期

令和4年度
佐賀学園高等学校
成穎高等部
入学試験問題

英語

(50分)

(注意)

1.「始め」の合図があるまでは，開いてはいけません。

2.「始め」の合図があったら，まず，解答用紙に受験番号を書きなさい。

3. 問題は全部で7問で，表紙を除いて9ページです。

4. 最初に，1の「放送による聞き取りテスト」を行います。

5. 答えはすべて解答用紙に書きなさい。

6. 質問があったら，黙って手をあげなさい。

7.「やめ」の合図で鉛筆をおきなさい。

1 放送による聞き取りテスト

※音声は収録しておりません

問１　答えは，それぞれ**ア**～**ウ**の中から１つ選び，記号を書きなさい。

(1)　（**ア**，**イ**，**ウ**）　　(2)　（**ア**，**イ**，**ウ**）

問２　答えは，それぞれ**ア**～**エ**の中から１つ選び，記号を書きなさい。

(1)

ア

イ

ウ

エ

(2)

ア

イ

ウ

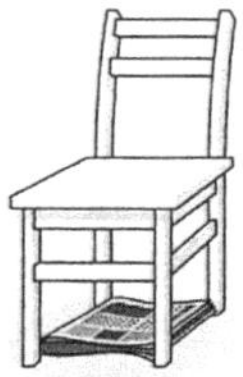

エ

問３　答えは，それぞれ**ア**～**エ**の中から１つ選び，記号を書きなさい。

(1)
ア　To the post office.
イ　To the bookstore.
ウ　To the supermarket.
エ　To the library.

(2)
ア　He likes tempura.
イ　He likes sukiyaki.
ウ　He likes sushi.
エ　He likes ramen.

(3)
ア　There are four.
イ　There are five.
ウ　There are six.
エ　There are seven.

問4　答えは，それぞれ**ア**～**エ**の中から1つ選び，記号を書きなさい。

(1)　**ア**　Yes, he does.

　　イ　No, he doesn't.

　　ウ　He likes classical music.

　　エ　He likes K-Pop.

(2)　**ア**　No, he can't.

　　イ　No, he isn't.

　　ウ　Yes, he does.

　　エ　Yes, he can.

(3)　**ア**　Two songs.

　　イ　Two concert tickets.

　　ウ　Two guitars.

　　エ　Two violins.

2 次の１～３の各問いに答えなさい。

1　次の(1)～(3)のＡ，Ｂの対話が成り立つように，文中の（　　）の中にそれぞれ最も適切な１語を英語で書きなさい。ただし，解答は（　　）内に指示された文字で書き始めなさい。

(1)　A：What did you do last weekend?

B：I went to the sea with my friends. I enjoyed (s　　　　) very much.

(2)　A：You look so tired. Why?

B：I got up (e　　　　) than usual and studied for today's test.

(3)　A：I don't know (w　　　　) to return this book.

B：It is about science, so please return to the second *shelf from the top.

*shelf　棚

2　次の(1)～(5)の英文が成り立つように，（　　）に入る最も適切な語（句）をア～エの中からそれぞれ１つ選び，記号で答えなさい。

(1)　I visited a temple (　　　　) two hundred years ago.

ア　build　　**イ**　to build　　**ウ**　built　　**エ**　building

(2)　The singer is known (　　　　) everyone.

ア　from　　**イ**　of　　**ウ**　in　　**エ**　to

(3)　He (　　　　) a new camera tomorrow.

ア　buys　　**イ**　bought　　**ウ**　will buy　　**エ**　to buy

(4)　We are going to play baseball (　　　　) it is fine tomorrow.

ア　so　　**イ**　if　　**ウ**　but　　**エ**　until

(5)　A：(　　　　) have you been to Kyoto?

B：I have never been to Kyoto. I hope to visit there.

ア　How many times　　**イ**　When　　**ウ**　How long　　**エ**　What

3　次の(1)，(2)の状況において，**ア**～**エ**の英文が２人の対話として成り立つように解答欄の左から順に，記号を並べなさい。

(1)　＜状況＞　将来の夢について話しています。

ア　Because I performed *shamisen* at the international festival, and many people looked so excited.

イ　In the future, I want to tell people all over the world about Japanese culture.

ウ　Great. Traditional Japanese culture can make people around the world happy.

エ　That's wonderful. Why do you want to do so?

(2)　＜状況＞　友人に相談をしています。

ア　Is she worried about studying in junior high school?

イ　Many students like to study math. If she wants, I will teach her math.

ウ　My younger sister will be a junior high school student next year. But she is worried about her new life.

エ　Yes, she is not good at math. She heard the math tests are very difficult.

3

次の１～６の日本文に合うように，[　　　] 内の語（句）を並べかえて英文を完成させなさい。ただし，文頭に来る語（句）も小文字で表してある。

1　彼女が公園で撮った写真は美しかった。
The picture [the park / was / took / beautiful / she / at].

2　私はその男の子に窓を開けるように頼んだ。
[the boy / I / the window / asked / open / to].

3　彼は日本で最も素晴らしい作家の１人だ。
[of / writers / he / greatest / is / one / the] in Japan.

4　このバッグは私には重すぎて運ぶことができない。
This bag [for / carry / is / to / heavy / too / me].

5　私はかおりの２倍速く走ることができます。
I [twice / Kaori / as / run / fast / as / can].

6　彼がなぜそんなに怒っているのか知っていますか。
[you / why / do / so angry / he / know / is]?

4　次の1～5の各組の英文がそれぞれほぼ同じ意味になるように，（ ① ），（ ② ）にそれぞれ適切な1語を書きなさい。

1　Her grandfather gave her a nice watch for her birthday.
Her grandfather gave a nice watch（ ① ）（ ② ）for her birthday.

2　Don't open the window.
You（ ① ）（ ② ）open the window.

3　Some girls are talking over there. They are my sisters.
The girls（ ① ）over（ ② ）are my sisters.

4　This problem is so easy that I can solve it.
This problem is easy（ ① ）for me（ ② ）solve.

5　He came to Japan five years ago. He still lives in Japan.
He has（ ① ）in Japan（ ② ）five years.

5　次の会話文を読み，[　　　]に入る適切な内容を智樹（Tomoki）の気持ちになって英語で書きなさい。ただし，下記の条件①，②を必ず満たすこと。

Kumi：Our graduation ceremony is coming soon. How do you feel?
Tomoki：I am very sad. We don't have much time to talk with our friends. But I have good memories.
Kumi：Me, too. What is your best memory of junior high school?
Tomoki：[　　　　　　　　]

[条件①] 語数は25～35語使用すること。ただし，2文以上になってもかまわない。
[条件②] 必ずその理由を記入すること。

問2の問題に移ります。1番も2番も，英語の会話を聞いて答える問題です。それぞれの会話の内容を最もよく表している絵を，問題用紙のア，イ，ウ，エの中から1つ選んで，その記号を書きなさい。では，始めます。

1番　Jeff : When is your birthday, Eric?
Eric : It's July twenty-eighth.

(3秒おいて)　繰り返します。(約5秒休止)

2番 Eric : Do you know where the newspaper is?
Jeff : Yes, I saw it under the chair.

(3秒おいて)　繰り返します。(約5秒休止)

(チャイムの音　1つ)

問3の問題に移ります。1番から3番まで，英語の会話を聞いて答える問題です。それぞれの会話の後に続く質問に対する答えとして最も適切なものを，問題用紙のア，イ，ウ，エの中から1つ選んで，その記号を書きなさい。では，始めます。

1番 Jeff: Eric, can you please tell me the way to the library?
Eric: Sure, Jeff. Go straight past the post office, and turn right at the bookstore. You will see it next to the supermarket.
Jeff: Thank you very much.
Eric: You're welcome.

Question: Where did Jeff want to go?

(3秒おいて) 繰り返します。 (約5秒休止)

2番 Eric: What is your favorite Japanese food, Jeff?
Jeff: Well, I like ramen. And sushi, too. But I like tempura the best. How about you, Eric?
Eric: Me, too.

Question: What Japanese food does Eric like the best?

(3秒おいて) 繰り返します。 (約5秒休止)

3番 Jeff: How many people are there in your family, Eric?
Eric: Let me see. My parents, my two older sisters, my younger brother, and me. How about you, Jeff?
Jeff: There are almost the same in my family. My mother, my older sister, my two younger brothers, and me.

Question: How many people are there in Jeff's family?

（3秒おいて） 繰り返します。 (約5秒休止)

（チャイムの音　1つ）

令和四年度　佐賀学園高等学校　成穎高等部　入学試験解答用紙

前期　国語

受験番号

得　点

※100点満点

一

問一

Ⅰ

Ⅱ

問二

100　80

問一．２点×２
問二．８点

二

問一

㋐

㋑

㋒

ち

㋓

㋔

問二

問三

傾向。

問四

問五

(1)

(2)

問一．２点×５
問二．２点
問三．５点
問四．４点
問五．４点×２
問六．７点

(7)	

2

(1)ア～キ. 1点×7
ク. 2点
(2)6点

(1)	ア		イ	
	ウ		エ	
	オ		カ	
	キ		ク	
(2)				

	コ			
(3)	(ア)		(イ)	。

5

(1)3点
(2)3点
(3)4点
(4)5点

(1)	
(2)	
(3)	
(4)	

受験番号

得　　点

※100点満点

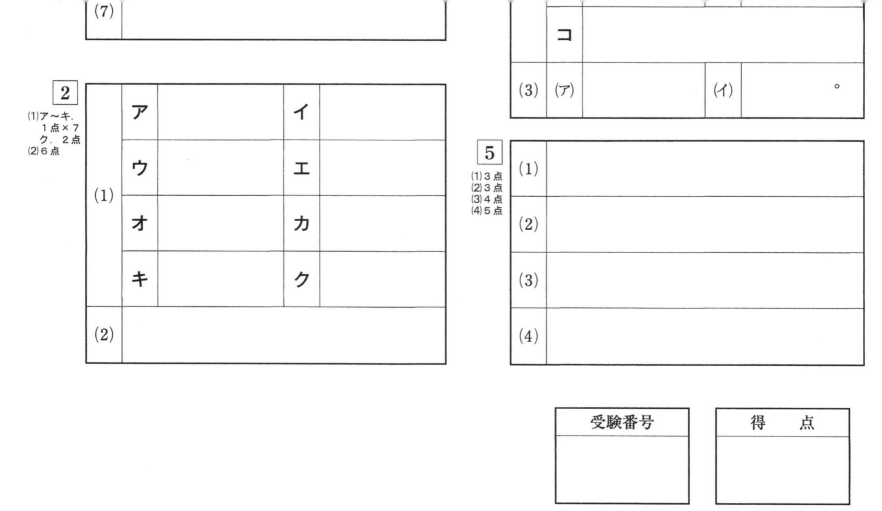

4点

6

3点×5

A		B		C		D		E	

7

1．1点
2．1点×2
3．2点×2
4．2点
5．2点×4
6．2点×3
7．2点×2

1						
2	B		D			
3	①					
	③					
4						
5	a		b			
	c		d			
6	(1)		(2)		(3)	
7						

受験番号

得　　点

※100点満点

教英出版

令和４年度
佐賀学園高等学校　成穎高等部　入学試験英語解答用紙

1　２点×10

問１	(1)	
	(2)	

問２	(1)	
	(2)	

問３	(1)	
	(2)	
	(3)	

問４	(1)	
	(2)	
	(3)	

2　1．１点×３　2．１点×５　3．２点×２

1	(1)		(2)		(3)					
2	(1)		(2)		(3)		(4)		(5)	
3	(1)	→ → →	(2)	→ → →						

3　２点×６

1	The picture [　　　　].
2	[　　　　].
3	[　　　　] in Japan.
4	This bag [　　　　].
5	I [　　　　].
6	[　　　　]?

4　２点×５

1	①		②		2	①		②	
3	①		②		4	①		②	
5	①		②						

【解答

令和４年度
成穎高等部　入学試験数学解答用紙

1

⑴３点×４
⑵４点
⑶４点
⑷４点
⑸４点
⑹４点
⑺４点

(1)	①	
	②	
	③	
	④	
(2)	$n=$	
(3)		
(4)	$x=$	
(5)		

3

⑴２点×２
⑵３点
⑶４点
⑷５点

(1)	A（　　，　　）	B（　　，　　）
(2)		
(3)	P（　　，　　）	
(4)		

4

⑴ア～エ．
１点×４
オ．２点
⑵カ～ケ．
１点×４
コ．２点
⑶３点×２

(1)	ア		イ	
	ウ		エ	
	オ			
	カ		キ	

【解答

という問題意識。

三

問一
㋐ やして
㋑
㋒ し

問二
Ⅰ
Ⅱ

問三

問四
Aさん
Bさん
Cさん
Dさん
Eさん

問一．　2点×3
問二．　2点×2
問三．　6点
問四．　3点×5

四

問一
㋐
㋑

問二

問三
㋒
㋓

問四

問五

問六

問七

10

問一．　1点×2
問二．　2点
問三．　2点×2
問四．　3点
問五．　3点
問六．　3点
問七．　4点

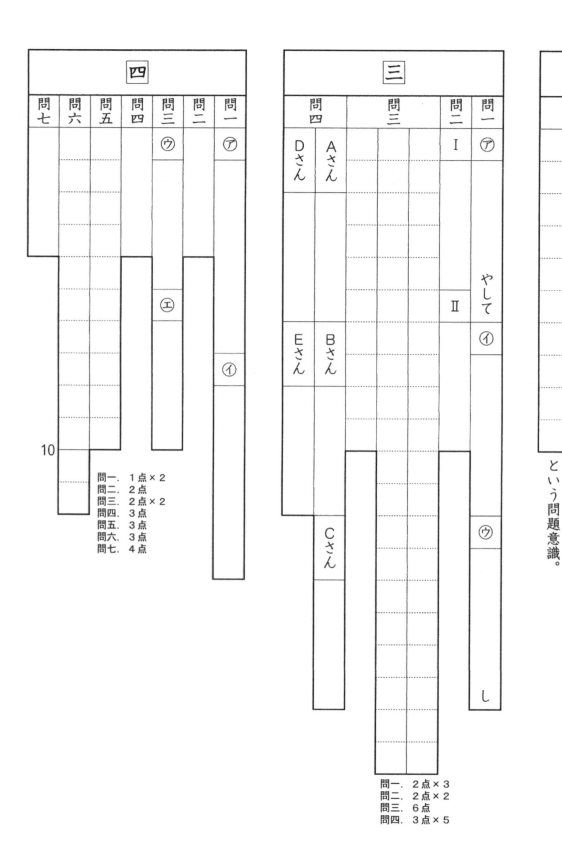

問4の問題に移ります。はじめに，ジェフ（Jeff）とエリック(Eric) が英語で会話をします。次に2人の会話の内容について，英語で3つの質問をします。それぞれの質問に対する答えとして最も適切なものを，問題用紙のア，イ，ウ，エの中から1つ選んで，その記号を書きなさい。では，始めます。

Jeff: Hey, Eric. Do you like music?
Eric: Yes. I listen to music every day. How about you, Jeff?
Jeff: I like music, too. I often listen to Korean pop music.
What kind of music do you like?
Eric: Well, my favorite kind of music is classical music. I have played the violin for eight years.
Jeff: Wow. Eight years. That's great. I can't play the violin, but I like to practice the guitar.
I'm not very good at it.
Eric: Well, keep practicing. You will get better.
Jeff: Thanks. By the way, do you know the K-pop group BTS?
Eric: I have heard of them. Are they famous?
Jeff: Yes! And their new song, Dynamite, is great!
Eric: Really. Somebody gave me two tickets to their concert, but I wasn't interested,
so I gave them away.
Jeff: Oh, no!

(約3秒休止)

1番 What kind of music does Jeff like? (約7秒休止)

2番 Can Jeff play the violin? (約7秒休止)

3番 What did Eric give away? (約7秒休止)

（約３秒おいて）繰り返します。

（約５秒休止）

これで，放送による聞き取りテストを終わります。ほかの問題へ進んでください。

（約３秒休止）（チャイムの音　１つ）

※成穎高等部と普通科・情報処理科・商業科共通
音声は収録しておりません

「放送による聞き取りテスト」台本

（チャイムの音　4つ）

それでは，問題用紙と解答用紙を開いて，解答用紙に受験番号を書きなさい。

（約8秒休止）

（チャイムの音　1つ）

これから，放送による聞き取りテストを行います。問題は，それぞれ2回繰り返して放送します。放送中にメモをとってもかまいません。

では，問１の問題を始めます。１番も2番も，英語の質問を聞いて，その答えを選ぶ問題です。それぞれの質問に対する答えとして最も適切なものを，ア，イ，ウの中から１つ選んで，その記号を書きなさい。では，始めます。

※選択肢ア～ウ間のポーズは全て1秒とする。

1番　Jeff:　Did you go to the beach yesterday, Eric?
Eric: (　　　　)

ア No, we went to the beach.　イ Yes, we did.　ウ Yes, I want a peach.

（３秒おいて）　繰り返します。　（約5秒休止）

2番　Eric: Can I borrow your dictionary, Jeff?
Jeff: (　　　　)

ア Sure, here you are.　イ No, thank you.　ウ Yes, I'd like to.

（３秒おいて）　繰り返します。　（約5秒休止）

（チャイムの音　1つ）

6 次の会話文が成り立つように，［　A　］～［　E　］に入る最も適切な英語を**ア**～**カ**の中からそれぞれ１つ選び，記号で答えなさい。ただし，同じ記号は一度しか使えない。

Yukiko : When I went to a convenience store yesterday, I found a *shelf-talker. It said "*temaedori*." Have you seen that before?

Kevin : No, I haven't. What does it mean?

Yukiko : I didn't know what the meaning was, either. So I searched on the Internet. "*Temaedori*" means that we should take the goods from the front of the shelf. I also learned that the Japanese government and *major convenience stores started a campaign. They *attach the shelf-talkers, which says "*temaedori*" to a shelf to decrease *the amount of food loss and waste.

Kevin : I have heard about the problem of food loss and waste. Can you tell me more about it?

Yukiko : We throw away a lot of food that we can still eat in Japan. ［　A　］ The amount of food loss and waste is six million *tons in one year. Can you think of what problem there are because of food loss and waste?

Kevin : I think it costs a lot of money to *dispose garbage. Also, a lot of *carbon dioxide is *emitted by burning garbage. ［　B　］

Yukiko : That's right. I found there are other problems. Japan *imports a lot of food, but we throw away a lot of food. And, while we waste a lot of food, there are many people in the world who can't eat enough food to live on.

Kevin : We have to do something to solve the problem.

Yukiko : I think so, too. When we go shopping, we shouldn't buy more than what we need. ［　C　］

Kevin : We can do something when we cook dishes. We can use food in our *refrigerators. Also, we shouldn't cook more than we can eat.

Yukiko : ［　D　］ So, we have to order dishes which we can eat.

Kevin : Many companies and restaurants are *taking actions to solve the problem. ［　E　］ The food banks send the food to *welfare organizations.

Yukiko : There are many things that we can do now. I hope we will be able to solve the problem of food loss and waste. First of all, we have to take goods from the front of the shelf.

（注）*shelf-talker　棚に貼る広告　*major　主要な　*attach ～を貼り付ける
*the amount of～　～の量　*tons　トン（重さの単位）　*dispose　～を処理する
*carbon dioxide　二酸化炭素　*zemitted ＜ emit　（～を排出する）の過去分詞形
*import　～を輸入する　*refrigerators　冷蔵庫　*take actions　行動を取る
*welfare organizations　福祉施設

ア　We should eat all dishes we order when we eat them at restaurants.
イ　This is called food loss and waste.
ウ　They send food which they don't sell or use to the food banks.
エ　Many people can eat food which they like.
オ　That is bad for the environment.
カ　We have to check what food there are in our houses before we go shopping.

7 アメリカ人のALTのブラウン（Brown）先生が英語の授業の中で，イタリアでの経験について話しています。その後，生徒とブラウン先生で議論することになりました。次の英文を読んで，あとの各問いに答えなさい。

Ms. Brown：Welcome to my class!! Today, I'm going to tell you about my experiences abroad and what I learned from them. I visited Italy three years ago. People say that Italy is similar to Japan in some ways. For example, many earthquakes happen in [A] countries. When I stayed there, a big earthquake happened. At that time, I stayed at a host family, so I had to go to an *evacuation center with them. I spent a week at an evacuation center in Japan a few years ago. I remember I didn't sleep well *surrounded [B] other people and felt so tired. However, ①[see / I / surprised / to / so / was] the evacuation center in Italy. First, we could use very clean *lavatories. Second, there were tents with some beds and we could sleep on the beds. Finally, a *food truck came to the evacuation center and there was a cafeteria, so we could eat warm meals. We can learn many things from activities which other countries do for people and can improve the Japanese evacuation system. Now, let's compare the Japanese evacuation system with the Italian evacuation system.

Shota：There are many problems in evacuation centers in Japan. Their *privacy isn't *protected. When a *disaster happens, people *evacuate to local school gyms. But, they have to sleep on the floor and in many evacuation centers there are no *partitions to protect their privacy. Especially, *people with disabilities, elderly people and women have some difficulties. Also, [C] care of their health is difficult. There are not enough lavatories that everyone can use, and people can't keep them clean. If ②so, there is a possibility that they could get sick. There are no air conditioners in most school gyms. So, it may be too hot or cold and they may have health problems such as *heat stroke or a cold.

Ms. Brown：In Italy, tents in evacuation centers have air conditioners. So, people can spend *comfortably. But, I heard that many people stayed in hotels instead [D] going to evacuation centers. I ③[be / privacy / protected / think / can / their] and it is easy to keep their health in Italy. How about ④meals in Japanese evacuation centers?

Kaori：In Japan, rice balls or bread are provided. People may not get enough *nutrients and they don't have many chances to eat warm meals. I have never heard of food trucks or cafeterias in Japanese evacuation centers. And, some people have food *allergies and there are people who can't eat *specific food. It is very difficult to give everyone meals they want to eat.

Ms. Brown：In Italy, the *federal government *plays the main role when a disaster happens. It brings *relief goods to a disaster area and set up evacuation centers. A law *requires that evacuation centers should set tents, beds, lavatories and cafeterias in 48 hours. Many people are trained as disaster volunteers before and use their job skills. For example, a driver drives a truck and a cook makes meals. Sometimes, they are paid money for their *expenses and their work.

Shota：	In Japan, we have to prepare more relief goods in advance. And, *local governments of disaster areas take the main role when a disaster happens. But I think the Japanese government should play a bigger role and change laws to protect *human rights and keep the health of *evacuees.

(注) *evacuation center　避難所　*surrounded　囲まれて　*lavatories　トイレ
*food truck　キッチンカー　*privacy　プライバシー
*protected < protect　(〜を守る)の過去分詞形　*disaster　災害
*evacuate　避難する　*partitions　仕切り
*people with disabilities　障がいを持った人　*heat stroke　熱中症
*comfortably　快適に　*nutrients　栄養　*allergies　アレルギー
*specific　特定の　*federal　国家(中央)の
*play the main role　主な役割を果たす　*relief goods　支援物資
*require　〜を必要とする　*expenses　費用　*local governments　地方自治体
*human rights　人権　*evacuees　避難者

1　[　A　] と [　C　] に入る英語の組み合わせとして，最も適切なものを(ア)〜(エ)の中から1つ選び，記号で答えなさい。

(ア) [　A　] each　[　C　] take　(イ) [　A　] both　[　C　] taking
(ウ) [　A　] every　[　C　] took　(エ) [　A　] all　[　C　] taken

2　[　B　]，[　D　] に入る最も適切な前置詞をそれぞれ1語書きなさい。

3　下線部①，③の [　　　] 内の語（句）を意味が通るように並べかえなさい。解答欄には [　　　] 内の語句のみを書きなさい。

4　下線部②の so が指す内容を日本語で説明しなさい。

5　下線部④についてまとめると次の日本語になる。[　a　]〜[　d　] に入る適切な日本語を書きなさい。

[　a　] が支給されるが、十分な栄養はとれないかもしれないし，[　b　]。日本ではキッチンカーやカフェテリアについて聞いたことがない。また，アレルギーを持つ人や特定の [　c　] 人がいるため，全員に [　d　] はとても難しい。

6　次の英文が本文の内容に合うように，（　　　）に入る適切な英語を，それぞれ**ア**～**エ**の中から選び，記号で答えなさい。

(1)　While Ms. Brown stayed in Italy, (　　　　　　　　).

ア　she took part in volunteer work at an evacuation center

イ　she couldn't sleep on the bed or eat warm meals

ウ　she went to an evacuation center because of an earthquake

エ　she made delicious meals for people at an evacuation center

(2)　When a disaster happens, people in Japan (　　　　　　　　).

ア　are given tents and have to sleep on the floor

イ　need to stay in school gyms which have no air conditioners

ウ　don't worry that their privacy is protected

エ　can't go to evacuation centers and have some health problems

(3)　In Italy, (　　　　　　　　).

ア　evacuation centers have no lavatories and cafeterias

イ　all people go to evacuation centers when a disaster happens

ウ　the federal government doesn't set up evacuation centers

エ　many people learn what to do as volunteers

7　本文の内容に合っているものを，**ア**～**オ**の中から２つ選び，記号で答えなさい。

ア　Ms. Brown has stayed in evacuation centers in Japan.

イ　Shota says nobody becomes sick at evacuation centers in Japan.

ウ　Ms. Brown says Italian people become tired because there aren't any air canditioners in evacuation centers.

エ　Italian people can sometimes get money when they do volunteer work at evacuation centers.

オ　Kaori says the Japanese government should change laws to protect people's privacy.

令和四年度

佐賀学園高等学校

普通科・情報処理科・商業科　入学試験問題

国　語

（50分）

（注　意）

一、「始め」の合図があるまでは、開いてはいけません。

二、「始め」の合図があったら、まず、解答用紙に受験番号を書きなさい。

三、問題は全部で三題で、表紙を除いて十二ページです。

四、答えはすべて解答用紙に書きなさい。

五、特別に指示のある場合を除き、句読点は一字として数えます。

六、質問があったら、黙って手をあげなさい。

七、「やめ」の合図で鉛筆をおきなさい。

前期

一

次の文章を読んで、あとの各問いに答えなさい。

お詫び

著作権上の都合により、文章は掲載しておりません。

ご不便をおかけし、誠に申し訳ございません。

教英出版

お詫び

著作権上の都合により、文章は掲載しておりません。
ご不便をおかけし、誠に申し訳ございません。

教英出版

お詫び
著作権上の都合により、文章は掲載しておりません。
ご不便をおかけし、誠に申し訳ございません。
教英出版

（清水由美『辞書のすきま　すきまの言葉』より）

※かそけく…音などがかすかで、今にも消えそうなさま。

※目にはさやかに見えねども…目にははっきり見えないけれども。『古今和歌集』に収録された藤原敏行の和歌、「秋来ぬと目にはさやかに見えねども　風の音にぞおどろかれぬる」の一部。

※モロコ…コイ科の淡水魚のこと。

※tumbleweeds…夏の終わりごろアメリカの乾燥地帯で多く見られる枯れて根本から折れ、風に吹かれて球状になって転がる植物。別名「回転草」。

※グローバリゼーション…世界的な規模に広がること。

※ミドリガメ…アカミミガメの子ども。

※ラスカル…『あらいぐまラスカル』というテレビアニメに出てきたアライグマの名前。

※ムシキング…カードゲームの名称。

※ヘラクレス…世界最大のカブトムシ。

※ナイルパーチ…スズキ目アカメ科の大型の淡水魚で観賞用に飼われることが多い。

問一　〰〰〰〰㋐「昨今」・㋑「納屋」・㋒「ハッキ」・㋓「駆逐」・㋔「ジュウジ」のカタカナを漢字に直し、漢字は読みをひらがなで書きなさい。

問二　（　Ⅰ　）・（　Ⅱ　）に入る最も適切なことばを、次のア～エの中からそれぞれ選び、記号で答えなさい。

ア　しかし　　イ　むしろ　　ウ　たとえば　　エ　つまり

問三　――①「かつての日本の秋は、もう、ない」とあるが、「かつての日本」と今の日本との違いを解答欄に合うように説明しなさい。

問四　――②「クズ」・③「アオサノリ」は何の例としてあげられているか。最も適切なものを、次のア～エの中から選び、記号で答えなさい。

ア　日本の自然は生き物には過酷で、本来の力が出せないということ。

イ　生物多様性が崩壊した環境の中では、日本の在来種も繁茂するということ。

ウ　日本の在来種も外国の異なった環境のもとでは凶暴な外来種となること。

エ　日本の在来種は植物の生態系を破壊するが、食用にもなるということ。

問五　生き物を飼う際はどのような点に注意したらよいか。あなたの考えを八十一字以上百字以内で書きなさい。

（注意）原稿用紙の使い方に従って書くこと。ただし、題や名前は書かずに、一行目から本文を書くこと。

二　次の文章を読んで、あとの各問いに答えなさい。

> 伊豆諸島大島の渚台高校陸上部には、四人しか部員がいない。そのうち男子が三人、女子が一人。そこに転校してきた男子（脊尾《せお》）が入部したことで、「四継（四×百メートルリレー）」に挑戦することができるようになった。四人のメンバーはそれぞれ悩みや葛藤、熱い思いを抱きながらインターハイを目指してお互いの絆《きずな》を深めてゆく。
> インターハイにつながる関東大会への出場権をかけた都大会決勝を翌日に控えた夜、予選での走りを映像で振り返っていた朝月に脊尾が話しかける。なお、脊尾は第三走者、朝月はアンカーとして出場する。

「で、話を戻すけど」

脊尾が言った。

「練習でやってないことをやるなって言ったけど、オレはそれ、逆だと思う。試合でやらないことを、おまえが練習してたんだよ」

俺は数秒ぼんやりしてから、（　Ⅰ　）。

「は？」

なに言ってんだ、こいつ。

「バトン、全力で〝もらう〟つもりだったって言うんだろ？　加速できなくてもいいから、とにかくもらうことに全力を尽くすつもりだった、って」

脊尾は、言い返そうとした俺の（　Ⅱ　）。

「けど、おまえの背中はちゃんと走ろうとしてた。オレがいけって言う前に、攻め気に走り出してた。その後ブレーキ踏みそうだったから叫んじまったけど」

俺がぐっと言葉に詰まったのは、それが事実だと自覚しているからだ。空斗《たかと》さんなら……と考えた瞬間、足が勝手に動き出していた。

「逆に訊《き》くけど、なんでブレーキ踏もうとしたんだよ」
　俺は脊尾を睨《にら》みつける。
　わかるだろ？　おまえも三年なら。
「だって嫌だろ！　これが最後の年なんだぞ！　最後のチャンスなんだ。バトンミス一つで終わるなんて……」
　口にすると、それは思っていた以上に格好の悪い理屈だった。だけど本音だ。きっと、日本中の高校三年生が、陸上に限らず、スポーツに限らず、感じている恐怖だ。今年で最後。一走、一跳、一泳、一球、一投、一打、一奏、一描、一書、その他すべての部活動におけるありとあらゆる動作に、きっとたくさんの三年生が魂を込めている。高校一年、高校二年のときには感じなかった。だけど高校三年は……最後だと思った瞬間、急に怖くなって必死に練習しだしたりして……俺はそれを否定しない。だって俺もそうだから。
「だったら詰まってでも、確実にもらう方が絶対いい」
　①俺は自分のつま先に向かって、吐き捨てるようにつぶやく。脊尾の顔なんか見られない。
「そんなふうに守って、明日の決勝勝てると思うか？」
　脊尾が静かに訊いた。
「②勝てないかもな」
　それは今日思った。
「でもタイムが届かなくて負けるより、バトンを落として負ける方が、俺は後悔する」
　そうだろう？
　そうだろう？
　誰だって、そうだろう？
　盛大なミスをして終わるより、それなりで終わりたいだろう？　終わりよければすべてよし、なんて言葉、終わった瞬間にはくそくらえって思うさ。けど終わるまでは、それに縋《すが》ったっていいだろう？　俺たちは、三年間を㋐ツイやしてきた。決して短くない時間を捧《ささ》げてきた。その終わりがお粗末なバトンミスだなんて、一生悪夢に見る。冗談じゃない。

「なに言ってんの、おまえ」

顔をつかまれて、上を向かされた、ような気がした。脊尾は依然はす向かいに座っている。少し身を乗り出して、俺をじっと睨んでいる。

「ふざけんな。どっちだって後悔するに決まってんだろ、そんな二択。なんでそもそもこの二択なんだ」

なんで、おまえが、怒ってんだよ。

「バトンも成功して、タイムも最高を出す。そうだろ？　それをやるべきだろ？　なんで最初からそれを目指さない？」

バトンパスの理想は、前走者が十のスピードのまま、十のスピードで走る次走者にバトンを渡すことだ。そんなの、わかってるさ。

「できねえんだよ！」

俺は喚《わめ》いた。

「できるわけ、ねえだろそんなの。俺とおまえの間に、そんな信頼関係なんかねえよ」

そうだ。遅過ぎたんだ。俺とおまえは、わかり合うのがあまりに遅過ぎた。もっと早くに、お互いを知ることができていれば……バトンパスだって、きっと、もっと――。

「おまえさァ……弱音吐くタイミングじゃねえだろ。泣いても喚いても、決勝は明日なんだぜ。明日走らなきゃなんないんだ。今の全力で、今できることをやるしかないんだ。できねえ、ってなんだよ？　違うだろ、やりたくないんだろ！　失敗が怖いから！」

俺は言い返そうと口を開く。でも言い返す言葉は見つからなかった。だって、脊尾の言っていることは正しい。失敗が怖いと、俺は今さっき、言い返そうとしているまさにこの口で、脊尾に言っちまった。

「なあ、おまえ関東行きたくないの？　言ってただろ、空斗さんに。関東行きたいんだって。憧れだったんだって。あれがおまえの本音だと思ったよ。練習も、すげえ必死にやってたし。違うのか？」

ゴールデンウィーク後半の練習日、連休で㋑キセイしていた空斗さんが練習に顔を出してくれたことがあった。確かに空斗さんに対して、絶対関東行きたいんだと言った覚えはある。あの人の手前、気概を見せないわけにもいかなかった……もちろん、見栄《みえ》だけじゃないけど。行きたいとは思っている。関東大会。かつて憧れたリレー。走れるのなら、走りたい。だけどあんなふうに、空斗さんたちみたいに走れるかといわれたら、それはノーだ。無理だ。無理だって、今日思った。

「なにごちゃごちゃ考えてるのか知らないけどさ、そんな難しいこと訊いてないだろ」

脊尾ががしがしと頭をかきながら言った。

「向いてるかどうかとか、できるかどうかとか、訊いてねえよ。おまえがどうしたいか訊いてんだよ」

俺がどうしたいか?

「どうしたいんだよ、朝月は」

脊尾にきちんと名前を呼ばれたのは、初めてだったかもしれない。

朝月渡がどうしたいのか。そんなことは、訊かれるまでもなく、ずっと同じだ。

「……勝ちたい」

本音。きちんと本音。できるかどうかじゃない。向いてるかどうかじゃない。シンプルに、俺が成し遂げたいこと。

③「勝ちたい！」

このチームで、明日の決勝、勝ちたい。優勝は無理でも、負けたくない。関東、行きたい。

脊尾がゆっくりうなずいた。

「だったら、もっとオレを信頼しろ。できなくてもしろ。そんでもってもっと引っ張れ。ちゃんと渡すから」

見知ったはずの三走は、力強い目で俺を見ていた。ギラギラとした目。夏の太陽みたいな㋒眼差しだ。最初からこんな目してたっけな？　こいつ……。

（天沢夏月『ヨンケイ!!』より）

問一 ～～～㋐「ツイ」・㋑「キセイ」・㋒「眼差」のカタカナを漢字に直し、漢字は読みをひらがなで書きなさい。

問二 （ Ⅰ ）、（ Ⅱ ）に入る語句として最も適切なものを、次のア～エの中からそれぞれ選び、記号で答えなさい。

Ⅰ ア 目を白黒させた　イ お茶を濁した　ウ 頭が真っ白になった　エ 目を回した

Ⅱ ア 鼻をあかす　イ 腹を探る　ウ 反感を買う　エ 機先を制す

問三 ――①「俺は自分のつま先に向かって、吐き捨てるようにつぶやく」とあるが、これはどのようなことに対する、どのような思いか。五十字以内で説明しなさい。

問四 ――②「勝てないかもな」から③「勝ちたい！」に至るまでの、「朝月」と「脊尾」について生徒が意見を述べた。適切な意見には「○」、不適切な意見には「×」をそれぞれつけなさい。

Aさん 「勝てないかもな」と言った朝月は、最後の試合を無難に終えたいと割り切って考えていたんだね。

Bさん 脊尾はチームのことを考えない朝月にあきれ果てて、見下すような態度をとってしまっているよね。

Cさん 脊尾と話しながら、朝月は失敗を恐れる気持ちを正当化し、どんどん悲観的になっているように思えるよ。

Dさん 脊尾はそれでも朝月に根気よく話しかけて、なんとか勝ちたいという朝月の本来の思いを引き出したようだね。

Eさん 朝月は自分の本音を口にして、今の自分を乗り越えたんだね。それが「勝ちたい！」という言葉になったんだよ。

国語の問題は次のページへ続く

三　次の文章を読んで、あとの各問いに答えなさい。

今は昔、身いとわろくて過ごす女ありけり。時々来る男来たりけるに、雨に降りこめられてゐたるに《とどまっているので》、「いかにして物を食はせん《なんとかしてこの男に物を食べさせたい》」とⓐ思ひ歎《なげ》けど、①すべき方《かた》もなし。日も暮れ方になりぬ。いとほしくいみじくて《自分があわれで情けなくて》、「わが頼み奉りたる観音、助け給へ」とⓑ思ふ程に、わが親のありし世に《生きていた時に》使はれし※女従者《をんなずさ》、いときよげなる《大変おいしそうな》食物をⓒ持て来たり。うれしくて、よろこびに《お礼に》取らすべき物のなかりければ、小さやかなる紅《あか》き※小袴《こばかま》を持ちたりけるを、取らせてけり。我も食ひ、人にもよくよく食はせて、寝にけり。暁《あかつき》《夜明け前》に男は出《い》でて往ぬ。つとめて《翌朝》、※持仏堂《ぢぶつだう》にて、観音持ち奉りたりけるを《観音像を安置し申し上げていたのを》、見奉らんとて、※丁《ちやう》立て、据ゑ参らせたりけるを《置き申し上げていたのを》、※帷子《かたびら》ⓓ引きあけて見参らす《見申し上げる》。この女に取らせし小袴、仏の御肩にうち掛けておはしますに、いとあさまし。昨日取らせし袴なり。あはれにあさましく、おぼえなくて《思いがけずに》持て来たりし物は、②この仏の御しわざなりけり。

（『古本説話集』より）

※　女従者…女の使用人。

※　小袴…丈の短い袴。

※　持仏堂…信仰する仏像を安置する部屋。

※　丁…几帳のこと。

※　帷子…几帳などに用いて垂らす絹の布。

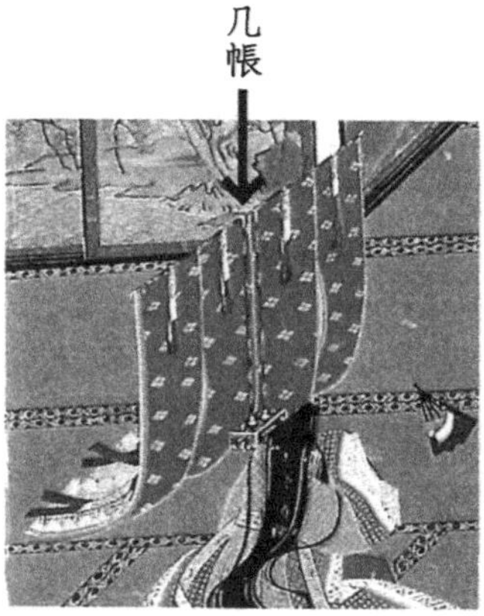

問一　══「ゐたる」を現代仮名遣いに直しなさい。

問二　～～ⓐ「思ひ歎け」・ⓑ「思ふ」・ⓒ「持て来たり」・ⓓ「引きあけ」のうち、主語の異なるものを一つ選び、記号で答えなさい。

問三　──①「すべき方もなし」とあるが、その理由を本文中から十字で抜き出しなさい。

問四　──②「この仏の御しわざ」とあるが、「仏」は何をしたというのか、十字程度で説明しなさい。

問五　この話を通して作者が伝えたかったのはどのようなことか。最も適切なものを次のア～エの中から選び、記号で答えなさい。

ア　観音様への信仰がいい加減であると、観音様は人間の姿で現れて罰を与えるものだということ。
イ　どれだけ貧しくても、親の代から仕えてくれた使用人は大切にしなければならないということ。
ウ　観音様を厚く信仰していれば、困った時に救いの手を差しのべてくれることがあるということ。
エ　自分が貧しくても、困っている人がいれば自分の食べ物を分けて助けるべきであるということ。

前期

令和4年度

佐賀学園高等学校
普通科・情報処理科・商業科
入学試験問題

数学

(50分)

（注　意）

1.「始め」の合図があるまでは，開いてはいけません。

2.「始め」の合図があったら，まず，解答用紙に受験番号を書きなさい。

3. 問題は全部で5題で，表紙を除いて6ページです。

4. 答えはすべて解答用紙に書きなさい。

5. 円周率はπとしなさい。また，たとえば$\sqrt{12}$のような数は$2\sqrt{3}$としなさい。

6. 図はかならずしも正確ではありません。

7. 分数は，これ以上約分できない形にしておきなさい。分母は$\sqrt{\ }$をふくまない形にしなさい。

8. 分度器，計算機は使用してはいけません。

9. 質問があったら，黙って手をあげなさい。

10.「やめ」の合図で鉛筆をおきなさい。

1 次の各問いに答えなさい。

(1) 次の計算をしなさい。

① $(-7)+(-9)$

② $16\div(-2)^3-(-5)$

③ $\left(-\dfrac{3}{4}\right)\div\dfrac{7}{10}$

④ $3(2x-5)-(4x+1)$

⑤ $\sqrt{27}+\dfrac{15}{\sqrt{3}}$

⑥ $\dfrac{2a-1}{3}-\dfrac{a-3}{2}$

(2) $(x+8)(x-8)$を展開しなさい。

(3) $x^2+14xy+49y^2$を因数分解しなさい。

(4) 二次方程式 $2x^2+x-5=0$を解きなさい。

(5) 次の(ア)〜(エ)のうち，yがxに反比例するものを1つ選び，記号で答えなさい。

(ア) 1本100円のペンをx本買ったときの代金の合計はy円になる。

(イ) 兄の年齢がx歳のとき，弟の年齢をy歳とする。

(ウ) 1辺がx cmの正方形の面積をy cm^{2}とする。

(エ) 長さ200 cmのテープをx等分すると，1本の長さはy cmになる。

(6) 右の図で，AC ＝ AD ＝ BD のとき，$\angle x$ の大きさを求めなさい。

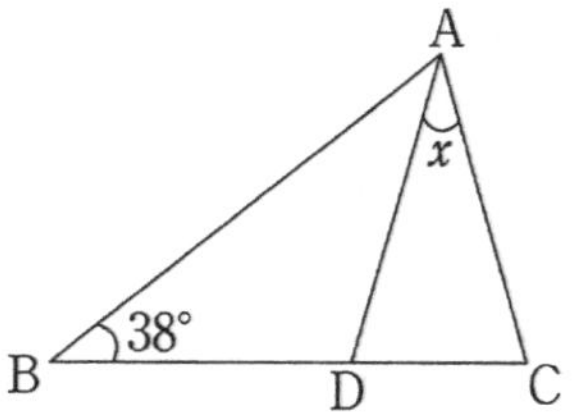

(7) 直径が 6 cmの球の体積を求めなさい。

(8) 次の箱ひげ図は，ある中学校 3 年生の男子 32 人と女子 36 人の，スマートフォンの 1 日あたりの平均利用時間を表したものである。この図から読み取ることができることがらとして適切なものを，次の(ア)〜(エ)の中からすべて選び，記号で答えなさい。

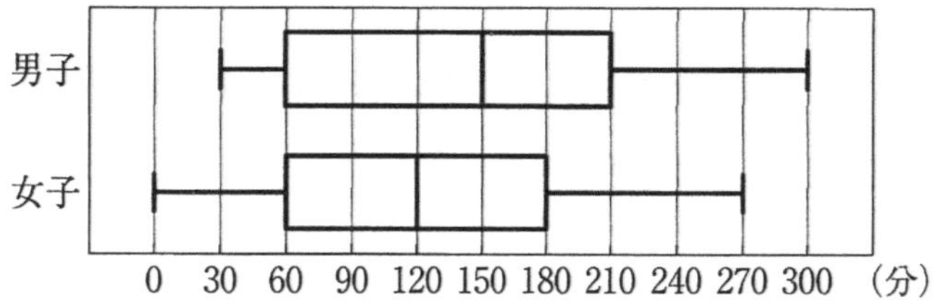

(ア) 女子の利用時間の平均値は 120 分である。
(イ) 男子の半分以上が，120 分以上利用している。
(ウ) 利用時間が 3 時間を超えた生徒は，女子よりも男子の方が多い。
(エ) 女子より男子の方が，四分位範囲が大きい。

2 ある池の周りに1周6.8 kmのランニングコースがある。Aさんは，このコースを分速200 mで走り始め，途中から分速150 mで走ったところ，1周するのに40分かかった。このとき，次の各問いに答えなさい。

(1) 3.6 kmは何mか答えなさい。

(2) 分速200 mで走った距離を x m，分速150 mで走った距離を y mとし，次のように連立方程式をつくった。 (ア) ， (イ) をうめなさい。

$$\begin{cases} x + y = \boxed{\text{(ア)}} \\ \boxed{\text{(イ)}} = 40 \end{cases}$$

(3) 分速200 mで走った時間を x 分，分速150 mで走った時間を y 分とし，次のように連立方程式をつくった。 (ウ) ， (エ) をうめなさい。

$$\begin{cases} x + y = \boxed{\text{(ウ)}} \\ \boxed{\text{(エ)}} = 6800 \end{cases}$$

(4) Aさんがこのコースを分速200 mで走った距離は何mか求めなさい。

3　右の図のように，３点Ａ，Ｂ，Ｃを通る放物線 $y = ax^2$，x 軸に平行な直線ABがある。点Ｂの座標が(２，−８)，点Ｃの y 座標が−18，直線ACと y 軸との交点をＤとするとき，次の各問いに答えなさい。

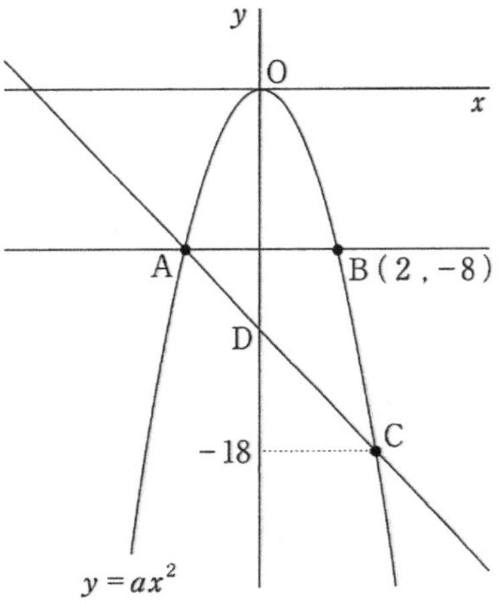

(1)　点Ａの座標を求めなさい。

(2)　a の値を求めなさい。

(3)　直線ACの式を求めなさい。

(4)　△OACの面積を求めなさい。

(5)　△OADを y 軸を回転の軸として１回転させてできる立体の体積を求めなさい。

4　右の図のように，円周上に４点A，B，C，Dがある。線分ACとBDの交点をEとし，AB∥EFとなるように線分BC上に点Fをとる。AB = 3，EF = 2，CE = 4のとき，次の各問いに答えなさい。

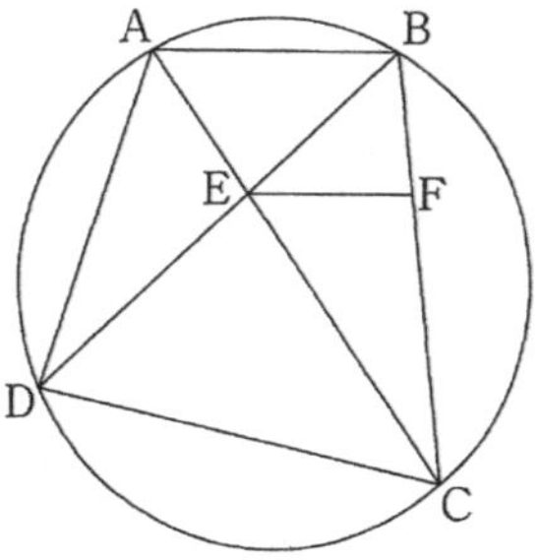

(1)　△ACD∽△BEFであることを次のように証明した。
[(ア)]～[(カ)]に適する言葉や記号をかき，証明を完成させなさい。

［証明］
△ACDと△BEFにおいて
$\overset{\frown}{CD}$に対する円周角だから
　∠[(ア)] = ∠EBF ……①
$\overset{\frown}{AD}$に対する円周角だから
　∠ABD = ∠[(イ)] ……②
AB∥EFより，[(ウ)]角は等しいから
　∠ABD = ∠[(エ)] ……③
②，③より
　∠[(オ)] = ∠BEF ……④
①，④より
[(カ)]等しいから
　△ACD∽△BEF

(2)　AEの長さを求めなさい。

(3)　線分ACが∠BADの二等分線であるとき，CDの長さを求めなさい。

5 2個のさいころA，Bを同時に1回投げて，さいころAの出た目の数をa，さいころBの出た目の数をbとする。このとき，次の各問いに答えなさい。ただし，さいころはどの目が出ることも同様に確からしいものとする。

(1) $a+b=5$となるのは何通りか求めなさい。

(2) $a \geqq b$となる確率を求めなさい。

(3) abが6の倍数となる確率を求めなさい。

(4) 次の(ア)〜(エ)のうち，もっとも起こりやすいものを1つ選び，記号で答えなさい。

(ア) $a=b$となる

(イ) $a+b<7$となる

(ウ) 1個も5の目が出ない

(エ) $\frac{b}{a}$が整数となる

2022(R4) 佐賀学園高　普・情・商
教英出版

前期

令和４年度

佐賀学園高等学校
普通科・情報処理科・商業科
入学試験問題

英　語

(50分)

（注　意）

１．「始め」の合図があるまでは，開いてはいけません。

２．「始め」の合図があったら，まず，解答用紙に受験番号を書きなさい。

３．問題は全部で７問で，表紙を除いて８ページです。

４．最初に，1 の「放送による聞き取りテスト」を行います。

５．答えはすべて解答用紙に書きなさい。

６．質問があったら，黙って手をあげなさい。

７．「やめ」の合図で鉛筆をおきなさい。

1 放送による聞き取りテスト

※音声は収録しておりません（放送原稿は成穎高等部と共通）

問1　答えは，それぞれ**ア**〜**ウ**の中から1つ選び，記号を書きなさい。

(1)　（**ア**，**イ**，**ウ**）　　(2)　（**ア**，**イ**，**ウ**）

問2　答えは，それぞれ**ア**〜**エ**の中から1つ選び，記号を書きなさい。

(1)

ア

イ

ウ

エ

(2)

ア

イ

ウ

エ

問3　答えは，それぞれ**ア**〜**エ**の中から1つ選び，記号を書きなさい。

(1)
ア　To the post office.
イ　To the bookstore.
ウ　To the supermarket.
エ　To the library.

(2)
ア　He likes tempura.
イ　He likes sukiyaki.
ウ　He likes sushi.
エ　He likes ramen.

(3)
ア　There are four.
イ　There are five.
ウ　There are six.
エ　There are seven.

問4　答えは，それぞれ**ア**～**エ**の中から１つ選び，記号を書きなさい。

(1)　**ア**　Yes, he does.
　　イ　No, he doesn't.
　　ウ　He likes classical music.
　　エ　He likes K-Pop.

(2)　**ア**　No, he can't.
　　イ　No, he isn't.
　　ウ　Yes, he does.
　　エ　Yes, he can.

(3)　**ア**　Two songs.
　　イ　Two concert tickets.
　　ウ　Two guitars.
　　エ　Two violins.

2 次の1～5のA，Bの対話が成り立つように，(　　　) 内の**ア**～**エ**の中からそれぞれ1つ選び，記号を書きなさい。

1 A：Whose shoes are these?
B：Maybe,（**ア** it　**イ** their　**ウ** they　**エ** that）are Tom's. He was looking for them this morning.

2 A：Is this a Japanese car or an Italian car?
B：It's a Japanese one. It was（**ア** making　**イ** made　**ウ** to make　**エ** to making）in Japan ten years ago.

3 A：Where is the post office? I want to send these letters to my friends.
B：It is just（**ア** to　**イ** with　**ウ** above　**エ** across）the street.

4 A：I hear that you went to Tokyo last week. How did you go there?
B：（**ア** With　**イ** By　**ウ** On　**エ** In）plane. It was very fast.

5 A：How（**ア** far　**イ** long　**ウ** many　**エ** much）is this hat?
B：It's 3,000 yen.

3 次の1～5のA，Bの対話が成り立つように，文中の (　　　) の中にそれぞれ最も適切な1語を英語で書きなさい。ただし，答えはすべて (　　　) 内に指示された文字で書き始めなさい。

1 A：Do you know when his birthday is?
B：Yes. His birthday is（A　　　）30. He'll be fifteen years old this summer.

2 A：The computer we bought last year doesn't work now.
B：Oh, that's（t　　　）bad. You should buy a new one.

3 A：Can I look at that beautiful post card on the wall?
B：Sure. Here you are. I（b　　　）it in Kyoto last month.

4 A：Which do you like（b　　　）, news programs or sports programs?
B：Oh, that's very difficult for me to answer because I like watching both on TV every day.

5 A：What do you want to be in the future?
B：Well, I want to be an English（t　　　）because I like to talk with children and speak English.

4　次の１～３の日本文に合うように，［　　　］内の語を並べかえなさい。

1　門のそばに立っている少年は私の息子です。

The boy [by / standing / is / gate / the] my son.

2　彼女はカナダに長い間住んでいるのですか。

Has [in / for / she / Canada / lived] a long time?

3　日本では６月にたくさん雨が降ります。

We [in / much / have / June / rain] in Japan.

5　佐賀県在住の海斗（Kaito）は，文化大使として，姉妹都市であるアメリカのグレンフォールズ市（the City of Glens Falls）の中学校に派遣され，現地の中学校で様々な文化交流を行いました。

次の英文は，現地の中学校で，「生まれ故郷の佐賀について」というテーマで海斗が行ったスピーチの一部です。

（　１　），（　２　）に入る適切な英語を書きなさい。ただし，下記の条件を満たすこと。

＜条　件＞

・（　１　）には地名（観光名所）を表す単語を入れること。ただし，２語以上になっても構わない。

・（　２　）に入る英語は３語以上で成り立つものとする。

Hi, everyone. Nice to meet you. My name is Kaito Suzuki. I'm Japanese, and I'm fourteen years old now. I'm really happy to see you.

Today, I want to talk about my hometown, Saga. Saga Prefecture is in the south of Japan and it has a lot of nature, so I think it is a nice place to live. Saga Prefecture also has many places to visit. One of them is (　1　) because (　　　2　　　). If you have a chance to visit Japan, please go there.

6 カナダからの交換留学生として，佐賀市内の中学校で学習している15歳のジェフ（Jeff）は，東京五輪開催後に始まった，「福島の桃デリシャスプロジェクト（Peach Delicious Project in Fukushima）」に興味を持ちました。次の英文は，その発起人であるスポーツライター「及川彩子（Oikawa Ayako）」氏にオンラインで直接インタビューしている場面の一部です。これを読んであとの各問いに答えなさい。

＜及川氏の公式ブログ（Twitter）より＞

Jeff

Hi, Ayako! Nice to meet you. My name is Jeff and I'm from Canada. I'm fifteen years old and I live in Saga now. [私は日本にやって来ました] as an *exchange student one year ago. My life in Japan is very *comfortable because all the people in Saga are kind to me and the food I eat every day is so delicious. I love Japan very much. Now, my dream for the future is to work in Japan.

By the way, I learned about the project, "Peach Delicious Project in Fukushima" on the Internet and wanted to know more about it. So, I *emailed you.

Ayako

Hi, Jeff. Thank you for your *self-introduction. I'm Ayako Oikawa. I'm Japanese and I'm from Iwate, After finishing university in Tokyo, I went to America and started working as a *sports writer there. So, I also love Japan very much. Now, I'm very excited because I could come back to Japan for *the Tokyo Olympics and write *articles about it for the world.

Jeff

Thank you, Ayako. You have been in America for a long time, haven't you? I want to know why you started this project.

Ayako

Okay. The *softball teams of Japan and America played a game in Fukushima *the other day. After the game, the American *coach *tweeted on *Twitter, "I ate Fukushima peaches and they were really very delicious. I ate six peaches."

When I read his tweets, I also wanted to eat them. So, I started this project.

First, I tweeted that I wanted a lot of *reporters who came to Japan to eat the delicious Fukushima peaches. Then, I received a message from the *Rikuren in Fukushima that they would send peaches to me. I was very surprised to hear that.

When I received the peaches, I asked some reporters I know to eat them and tweet their opinions. They were very happy to get the peaches and tweeted that they were very, very delicious. I call the reporters the *ambassadors to Fukushima.

Jeff

I see. What *impressed you the most about the project? And, did you get any *response from the people in Fukushima about the tweets?

令和四年度　佐賀学園高等学校

普通科・情報処理科・商業科　入学試験解答用紙

前期　国語

受験番号

得　点

※50点満点

一

問一
㋐
㋑
㋒
㋓
㋔

問二
Ⅰ
Ⅱ

問三
かつての日本では　　　　のに対して、
今の日本では　　　　という違い。

問四

問五

問一．１点×５
問二．１点×２
問三．４点
問四．３点
問五．６点

(7)		cm^3
(8)		

2

(1) 1点
(2) 1点×2
(3) 1点×2
(4) 2点

(1)			m
(2)	(ア)		
	(イ)		
(3)	(ウ)		
	(エ)		
(4)			m

	(カ)	
(2)	AE＝	
(3)	CD＝	

5

(1) 1点
(2) 2点
(3) 2点
(4) 2点

(1)		通り
(2)		
(3)		
(4)		

受験番号

得　点

※50点満点

2点×3

2	
3	

7

1．1点
2．1点
3．2点
4．2点
5．2点
6．3点
7．2点
×2

1		
2		
3		
4		
5		
6		
7		

受験番号	得　　点

※50点満点

K 教英出版

令和4年度
普通科・情報処理科・商業科　入学試験英語解答用紙

1
1点×10

問1		
	(1)	
	(2)	

問2		
	(1)	
	(2)	

問3		
	(1)	
	(2)	
	(3)	

問4		
	(1)	
	(2)	
	(3)	

2
1点×5

1		2		3		4		5	

3
1点×5

1		2		3		4		5	

4
2点×3

1	The boy [　　　　] my son.
2	Has [　　　　] a long time?
3	We [　　　　] in Japan.

5
(1) 1点
(2) 2点

1	
2	

【解答用

令和４年度

普通科・情報処理科・商業科　入学試験数学解答用紙

1

(1) 1点×6
(2) 1点
(3) 1点
(4) 2点
(5) 2点
(6) 2点
(7) 2点
(8) 2点

(1)	①	
	②	
	③	
	④	
	⑤	
	⑥	
(2)		
(3)		
(4)	$x =$	
(5)		

3

(1) 1点
(2) 1点
(3) 2点
(4) 2点
(5) 2点

(1)	A(　　　,　　　)
(2)	$a =$
(3)	$y =$
(4)	
(5)	

4

(1) 1点×6
(2) 2点
(3) 2点

(1)	(ア)	
	(イ)	
	(ウ)	
	(エ)	

【解答用

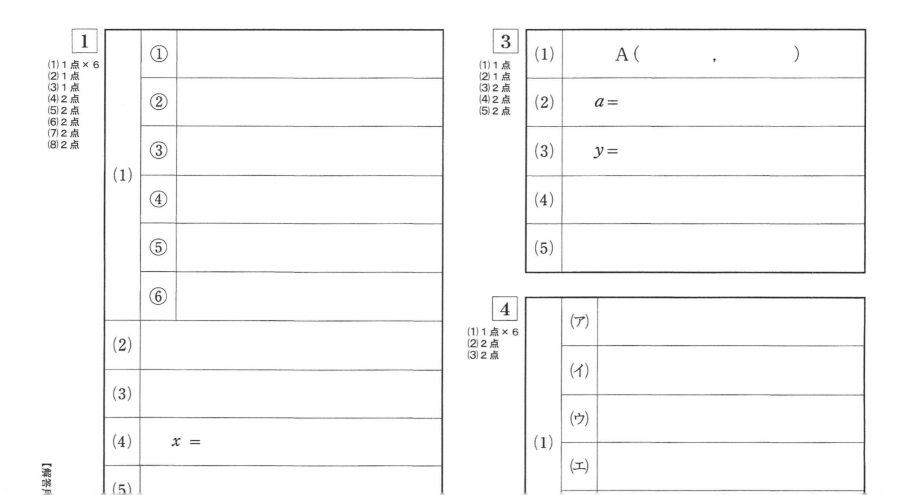

二

問一

㋐ やして

㋑

㋒ し

問二

Ⅰ

Ⅱ

問三

問四

Aさん

Bさん

Cさん

Dさん

Eさん

問一．　１点×３
問二．　２点×２
問三．　４点
問四．　２点×５

三

問一

問二

問三

問四

問五

問一．　１点
問二．　２点
問三．　２点
問四．　２点
問五．　２点

100

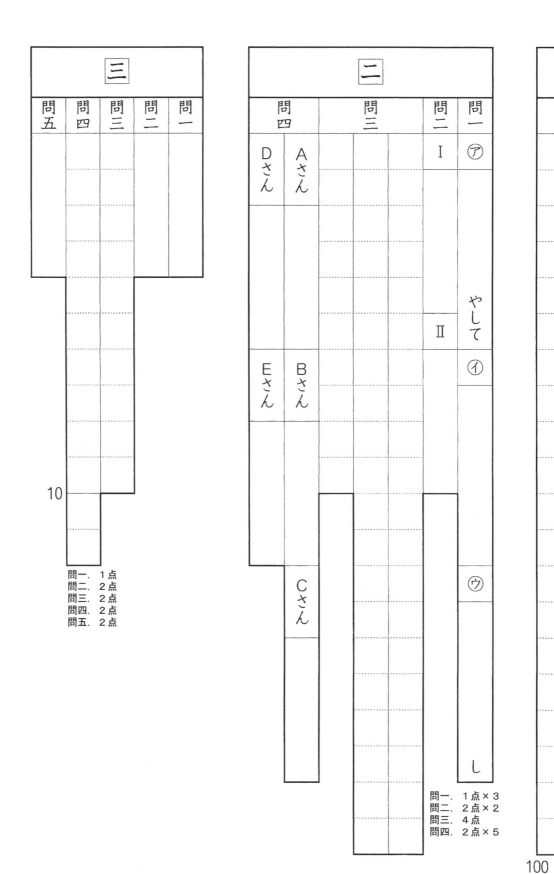

Ayako

Well, I gave Fukushima peaches to reporters from ten other countries. When a reporter from *Georgia in America ate Fukushima peaches, she *shed tears and said, "Georgia peaches are famous, but Fukushima peaches are much more delicious than Georgia peaches." I was very happy to hear her words. That was very impressive.

When I got Fukushima peaches and put pictures of our smiles on Twitter, I saw many responses saying "Thank you very much." from the people who live in Fukushima. At that time, I thought that Fukushima peaches made all the people that ate them very happy and also made all the people that saw the pictures very happy, too. I was very happy that I was able to make *a chain of smiles all over the world.

(注) *exchange student　交換留学生　　*comfortable　快適な
*emailed < email　(電子メールを送る)の過去形
*self-introduction　自己紹介　　*sports writer　スポーツライター
*the Tokyo Olympics　東京五輪　　*articles　記事　　*softball　ソフトボール
*the other day　先日　　*coach　監督　　*tweeted < tweet　(ツイートする)の過去形
*Twitter　ツイッター　　*reporters　レポーター　　*Rikuren　陸上競技連盟
*ambassadors　大使　　*impress　感動させる　　*response　応答（返答）
*Georgia　ジョージア州　　*shed tears　涙を流した　　*a chain of smiles　微笑みの連鎖

1　本文中の［　　　］内の日本語を4語の単語を用いて英語に直しなさい。

2　ソフトボールのアメリカチームの監督が，福島での試合後に食べ，その味について公表した食べ物は何でしたか。ア～エの中から1つ選び，記号で答えなさい。

ア

イ

ウ

エ

3　本文の内容に合っているものを，ア～エの中から1つ選び，記号で答えなさい。

ア　Jeff has been in Saga since he was born.
イ　Ayako came to Japan from America to become a volunteer.
ウ　The Rikuren in Fukushima sent a message to Ayako.
エ　Jeff wanted to be famous in the world by starting "Peach Delicious Project in Fukushima."

7 　佐賀市在住の中学３年生の春樹（Haruki）のクラスには，アメリカからやって来た交換留学生のエリック（Eric）がいます。２人とも15歳で，世界遺産に強い関心を持っています。2021年７月に九州地方にある「奄美大島、徳之島、沖縄島北部及び西表島」が世界自然遺産に登録され，日本国民が歓喜の渦に包まれました。これを機に，春樹のクラスでは「各国の世界遺産」について学習することになりました。次の英文は，英語の時間に春樹の司会でエリックがアメリカの世界遺産についてスピーチを行っている場面です。これを読んであとの各問いに答えなさい。

＜ヨセミテ国立公園＞

Haruki

Hi, everyone. [　①　] you hear the big news about “*Amami-Oshima Island, Tokunoshima Island, Northern part of Okinawa Island, and Iriomote Island” in Japan? They finally became *World Heritage Sites. I'm so excited. I hear it is the twenty-fourth World Heritage Site in Japan. As a Japanese, I'm very proud.

Today, I want Eric to talk to you about the World Heritage Sites in America. Let's study more about America together. As you know, he has lived in Japan with his family for more than a year and has been studying Japanese. So, he can speak Japanese a little. [　②　] in this class, he can speak only English because this is an English class. Let's listen to him carefully.

Eric

Hi, class! I'm also [　③　] about the news. Today, I'm going to talk about my country. I want to enjoy [　④　] with you.

America is the third largest country in the world and it has a lot of nature. So, a lot of *tourists visit America every year. I hear the number is more than 50*million. Especially, it is more popular with older people than younger people.

By the way, there are twenty four World Heritage Sites in America, and I think one of the most popular sites is *Yosemite National Park. It is also popular with Japanese people, so I think you have heard its name even here in Japan.

Yosemite National Park has a rich natural history. First, it became a *State Park in 1864 and became a National Park in 1890. Finally, it became a *UNESCO World Heritage Site in 1984. You can enjoy many activities there: *Camping, *hiking, *climbing, fishing, *horseback-riding and so on. But my advice is that you should always take your camera with you, because you can see wonderful nature *wherever you go in Yosemite National Park.

But now, we have a big problem. The amount of garbage that tourists *leave behind is increasing every year. All Americans are worried about it. ⑤<u>We think we have to do something to keep this beautiful nature</u>.

（注） *Amami-Oshima Island, Tokunoshima Island, Northern part of Okinawa Island, and Iriomote Island　奄美大島、徳之島、沖縄島北部及び西表島
*World Heritage Site　世界遺産　*tourists　旅行者　*million　百万
*Yosemite National Park　ヨセミテ国立公園　*State Park　州立公園
*UNESCO　ユネスコ　*camping　キャンプ　*hiking　ハイキング
*climbing　クライミング（岩などを登ること）　*horseback-riding　乗馬
*wherever you go　どこに行っても　*leave behind　～を置き去りにする

1　[　①　] に入る最も適切な英語を**ア**～**ウ**の中から１つ選び，記号で答えなさい。

ア　Do
イ　Did
ウ　Were

2　[　②　] に入る最も適切な英語を**ア**～**ウ**の中から１つ選び，記号で答えなさい。

ア　But
イ　And
ウ　When

3　[　③　] に入る最も適切な１語を本文中から抜き出しなさい。ただし，解答は‘e’で書き始めるものとする。

4　[　④　] に入る最も適切な英語を**ア**～**ウ**の中から１つ選び，記号で答えなさい。

ア　to talk
イ　talking
ウ　talked

5　アメリカ人全員が心配（懸念）しているヨセミテ国立公園が抱える問題をまとめると次のようになる。[　　　] に入る適切な日本語を答えなさい。

ヨセミテ国立公園を訪れる観光客が置き去りにする [　　　　　　　　] ということ。

6　下線部⑤の英語を日本語に直しなさい。

7　本文の内容に合っているものを，**ア**～**オ**の中から２つ選び，記号で答えなさい。

ア　There are no World Heritage Sites in Japan.
イ　Haruki wants to study more about America with other students.
ウ　Eric is not interested in Yosemite National Park.
エ　There are many tourists that visit Yosemite National Park every year.
オ　People can't take pictures in Yosemite National Park.

2022(R4) 佐賀学園高　普・情・商
K 教英出版

2022(R4) 佐賀学園高　普・情・商
K 教英出版